本の夢　小さな夢の本

田中淑恵

芸術新聞社

はじめに

この本は、少女時代に作っていた「夢の蕾《つぼみ》ノオト」が開花したものです。はじめに詩と古典のことばが降りてきて、そこから物語がうまれ、大好きな本の形を借りて、宝石のような小さな本に結晶しました。

その後、仕事として多くの装丁に携わり、商品としての本作りを経験するうちに、小さな本が大きな本の単なるミニチュアではなく、綿密なレイアウトで作られるべきものと思いました。

手書きで作ったはじめての本から、その芯にあるのは、典雅で普遍的な古語のしらべであり、詩のリズムでした。本の内容としてのテキストや絵は、あらゆる流行には無縁で、自分好みの、花翳にひっそりと咲いているようなものばかりを選んできました。

現代はかつてなかったような多様な素材があふれています。アンティークの品々に触れる機会も多く、時を超えてなお残っている本物の美しさに、古典文学に通じるものを感じとるようになりました。

「金メッキのような作家が多いなかにあって、純金の作家」と佐藤春夫は評されています。自分にとって「純金の作家」ともいえる方々に彗星のようにめぐり会えたのは、天からの贈り物だったのかもしれません。

次に作りたい本を考えながら、この贈り物の尊さを、いつも心に刻んでいます。

目次

はじめに　2

1章　はじめての豆本 巡りあう人々――9

「まくろふぁ・りんくす」と紫陽花の小部屋　10
美作八束村とアカシヤの花　14
「灯」と「抒情文芸」のエレガンス　16
信濃追分と福永武彦夫妻のこと　18
日本女子大「詩と童話まつり」と諏訪優さんのこと　24
夢見月、万朶の花のまぼろしは……　26
モノクロ写真と言葉のラチチュード　29
「夢の荅ノオト」と「Nostalgic Words」　31
現代豆本館と三井葉子の『夢刺し』　34
結城信一と骨細工の小鳥　37
フォアレディースと寺山修司さんのこと　41
BAR珊瑚とグラスの中の深海　46
「すくすく」編集長と豆本『花もようの子馬』　47
小川町のオフィスと葬送文化研究会　50
「季刊銀花」と金銀花またはスイカズラのこと　53

57　路上の絵と〝いのちの香り〟
60　久世光彦さんと「邯鄲夢」のこと

小さな本①――64

64　ルドゥーテの薔薇の本
66　クリスマスの赤い本
68　源氏物語の本
70　仔猫の写真集
71　アールデコスタイルの本
72　函入の扇の本
74　アンティーク絵葉書の本
76　木とプリントの果物の本
78　小林かいち画集
80　花刺繍の切手の本

2章　忘れえぬ物語 偏愛する詩人たち――81

82　『メランコリイの妙薬』と『ノスタルジアの妙薬』
84　散逸物語うたのしるべ

ロマン・ロラン『花の復活祭』と『獅子座の流星群』 88
霜葉は二月の花よりも紅なり 91
香山滋とウンゲウェーゼン（在るべからざるもの） 95
本郷三丁目と「カミーユとマドレーヌの愛の物語」 97
李陸史『青ぶどう』と尹東柱『星うたう詩人』 100
芥川賞辞退の高木卓と『むらさき物語』 104
三島由紀夫から佐々悌子への手紙 107
ジャック・プレヴェール『鳥の肖像を描くために』 112
中河与一『天の夕顔』と三つの灯り 116
「朝顔の露の宮」と消えし蜻蛉 119
SUB ROSA（薔薇の下で）と船室のアレクサ・ワイルディング 121
ジュディット・ゴーティエと東洋への夢 123
あなたは雪のニンフじゃない、アンプロンプチュだ。 128
エミール・ノルデの学者と青い顔の少女 132
オーカッサンの情熱、ニコレットの理性 135
広津里香『死が美しいなんてだれが言った』と『蝶の町』 138
「うたかたの日々」とイグアナの胸膜を開けばサルトル 144
荒巻義雄『時の葦舟』と入れ子の夢 または在りて無き世 147

151　カイ・ニールセンと小林かいちの「様式としての嘆き」
154　デュ・モーリア『フランス人の入江』と絵を描く海賊
157　ジェラール・フィリップとパトローネの手巻本
160　アンドレーエフ「金のくるみ」とマグネットの子持本

小さな本②――164

164　靴と帽子の本
166　和菓子とパンとモンブランの本
168　句集『野菊野』とその豆本
169　胡蝶の童話と図案集
170　コンパクトと飾り櫛の本
172　パレットに描かれた絵
173　風船画伯の丸い世界
174　ハートのコレクション
176　シルエットの本

3章　いろいろな素材と一冊の本を作る――177

178　本の素材のいろいろ

さまざまな形とサプライズ　180
十二支の年賀状　182
『TALLY CARDS』の作り方　185

おわりに——188
初出一覧　参考文献——190
ロシアのマッチラベルの本——191

撮影／espace 梶 洋哉
校正／寺島敏郎
装丁／田中淑恵
レイアウト／佐々木より子（文化フォトタイプ）

【凡例】
交流のあった方々には敬称を、それ以外は敬称をつけていませんが、
文脈上それに則っていない箇所もあることをお断りしておきます。
年代は、西暦を基本に、（　）内に、年号を併記しています。

第1章

はじめての豆本
巡りあう人々

「まくろふぁ・りんくす」と紫陽花の小部屋

紫陽花が通用口の扉の前に咲き乱れている本の小部屋。図書館の奥のその部屋に、放課後集まっているのは、中学生の少女たちだ。東京杉並区の南のはずれ。そこにある公立中学の図書館は、図書室ではなく、独立した建物だった。その小部屋はＰＴＡ用に使われていたので、本棚には大人の本がぎっしりと並んでいた。

新しくできた文芸部は、どんなことをするのだろう？　みな期待に胸を躍らせている。顧問は、昔文学青年だった英語教師、初代部長のＳ・Ｍさんは、女子で初めての生徒会長に選ばれたばかり。彼女は、私がこの世で最初に身近で感じた、きらめくような才能の持ち主だった。

一九七〇年代を頂点として、ジュニア雑誌は花ざかりだった。もはや子供向きの本を読む時期ではなく、かといって大人の本にはまだ早い年代の少女たちを掬いとる形で、複数のジュニア文芸誌が共存していた。この書き手には、「玩具」で芥川賞を受賞したばかりの津村節子や、人気作家になる前の平岩弓枝、後年すっかり傾向が変わってしまった川上宗薫などが「純愛小説」を執筆していた。挿絵を描いていたのは、藤田ミラノ、岩田宏昌、藤井千秋などだった。

それらの雑誌に共通していたのは、小説のほかに世界名作のダイジェストの絵物語や、詩の入った風景写真や箴言がかならず口絵に載っていたことだった。

美しい外国の風景写真に添えられたリルケやプレヴェールやエミリィ・ディキンソンの詩。これほど毎月載っていれば、ほとんどの詩は諳んじてしまう。隅っこに小さ

文芸部の部屋の入口には
紫陽花の花が咲いていた

く書いてある「写真 オリオンプレス」というのは、いったい何のことだろう？ といつも思っていた。のちに装丁を仕事にすることになって、神保町のオリオンプレスに写真を借りに行くことになろうとは、この時には夢にも思うはずがなかった。

S・Mさんの「深海魚」と題した詩は、その文芸誌のひとつのコンクールで三席に入選していた。一、二席のありふれた「小さな幸福」風の詩が瞬時に色褪せてしまうほどの光彩を放っていた。あまりにもうますぎるので、審査員が大人に手伝ってもらったのではと疑い、故意に無難で凡庸な詩を一席に選んだとしか思えなかった。

まくろふぁ・りんくす
まろこす・てうす
底にはふかーいほら穴
あなた…
あなたの思い出も沈んでいる
（中略）
まくろふぁ・りんくす
まろこす・てうす
…いいえ　むらさきいろのちいさなさかな

と結ばれたその詩は、深海魚の学名を織り込んだ、エスプリあふれる小品だった。

深海魚とは、むらさきいろの「きれいな」魚なのだと、その時にすっかり思いこんでし

『ミモザの薬』
活版原板刷500部
限定番号入
A6判

まった。（中略）の部分は、原本が見当たらないので、はっきりした記憶がない一節だった。最初の個展の折に上梓した活版原版刷の第一詩集『ミモザの薬』のなかに、ホタルブクロの学名を使った詩が編まれているのは、その後二十年を経てもこの詩の呪縛からどこまでも逃れえなかった証でもある。

こんな詩が書ける十四歳が存在するということ自体が、めまいがするほどに衝撃的だった。その人がこんなにも間近に、手に届くところで呼吸をしているという、思いがけない幸運。利発聡明、細やかな感性を持った上級生は、やがて受験で忙しくなり、二代目の部長は、彼女の指名によって、私が引き受けることになった。期末に部員の文集を作る時に思いついたのは、単なる作品集ではなく、本物に近い小さな本にしつらえることだった。まず熱読していた『ハイネ詩集』から、好きな詩篇をセレクトし、本の中身を形成している折の構造を研究して、万年筆で詩を書き写し、糸でかがり、トランプサイズの小さな上製本ができあがった。

海には真珠
そらには星
わが胸　わが胸
されどわが胸には恋

ひろきかな海とそら
はるかにひろきはわが胸

『砂糖漬専門店』
生徒会雑誌に書いた物語を
函入の本に仕立てたもの
縦87×横68㎜

真珠より星よりうつくしく
かがやきひかるわが胸の恋

わがうらわかきおとめよ
わがひろき胸にきたれ
げに恋のあまりに
わが胸おとろえ　海もそらも消ゆ

（夜の船室にて／井上正蔵訳）

しかし、それでは全員の文集にならないので、結局ふつうの形に落ち着いてしまったが、私にとっては、『ハイネ詩集』を作ったことが、すべての小さな本の原初の芽になったのだった。

その頃生徒会雑誌に書いたのが、ノスタルジックな『十月はたそがれの国』を読んで心酔していたレイ・ブラッドベリ風のＳＦもどきの小品「砂糖漬専門店」だった。

顧問の先生は、若き日に同人誌に発表した青春小説を、耳まで真っ赤になりながら朗読なさったかと思うと、次には、築地署に連行された小林多喜二が、翌日遺体で引き渡された時の姿を、克明に語って下さった。ひとつの眼で夢みること、もうひとつの眼で社会と現実を見つめることをきちんと学んだのが、この文芸部だった。

もしもまだＳ・Ｍさんが詩を書いていたら、彼女の詩集を編み、宝石のような一冊を作りたいと夢想している。それが無理なら、「深海魚」一篇だけの詩に、通常一色だけの見返しを何色も入れて、幾重ものパッケージにくるまれたような本に仕立てるこ

お茶ノ水橋からのぞむ神田川と聖橋
橋の向うに地下鉄丸の内線が通るまで待ったが
現在の銀に赤いラインではなく
昔のように真赤な車体だったなら
緑のなかの美しい差し色になったことだろう

とも可能だ。かつて、結城信一の「祭典」という詩に、二種の見返しを入れて、表紙に貝の虹色の薄片を貼り、一篇だけの詩集を作ったときのように。

美作八束村とアカシヤの花

御茶ノ水橋を渡り、順天堂医院を右に見て、神田川沿いを歩いて本郷の出版社に行く途中、新宿方向の右岸に、ニセアカシヤ（ハリエンジュ）の樹が幾本も連なっていた。初夏には、白藤に似た花が咲いた。風の強い日には、その白い花房が一斉に水平に煽られてふるえていた。佐藤太清の、暴風雨《あらし》の泰山木を描いた日本画「洪」のように。

対岸のビルのひとつは、高校生の頃通った美大の予備校で、当時は連日味けない石膏デッサンばかりを描かされていた。食パンのいちばん美味しい部分は、木炭デッサンの消しゴムとして消費されてしまうので、残った耳を丸めて、眼下を通る総武線の黄色い列車にぶつけては、憂さ晴らしをしていたものだった。

アカシヤの樹はその後、沿岸工事でいとも無雑作に切り倒された。いまは初夏になっても、揺れる白い花房はもう見ることはできない。けれど、細長い楕円の葉が重なり合ってさやさや鳴る葉ずれの音は、いつまでも耳の奥に消え残っていた。

その葉ずれの音は、父の転勤で四歳からの四年間を過ごした岡山県北（美作＝みまさか）と鳥取の県境の山村を思い出させた。岡山といっても、上蒜山、中蒜山、下蒜山の麓、ほとんど山陰という趣きの、店舗や娯楽施設が近隣に皆無という寒村であった。

村の名物黄金杉を描いた
父のスケッチ

しかし、都会育ちの子どもにとっては、新鮮な驚きに充ち満ちていた。川で泳ぎ、畑でスキーをし、苺、葡萄、桑の実などの食べ放題の果実、小川のなかの紐状のカエルの卵、ホタル、トンボの飛び交う山村は、あふれるばかりの自然の宝庫だった。

せせらぎを越えて森へ入り、樹々の葉叢を抜けると、わずかに空の見えるひそやかな草地があった。そこは誰も来ない自分だけの夢の王国だった。草地に敷いたハンカチは、たちまち縁飾りのあるクロスを掛けたテーブルになり、貧しい菓子は極上のケーキに変身する。摘んできた木苺はジャムやゼリーになって、真昼の月のスライスも載っている。心地よい葉ずれの音を聞きながら、私は至福ともいえる空想の時を過ごすのが常だった。

村の名前は、八束村《やつかそん》。『古事記』のスサノオノミコトが、切り落とした八叉大蛇《やまたのおろち》の頭を束ねたという伝説に由来する。近くに川上村、竜頭《りゅうず》という地名もあった。村の旅館の名は「竜泉閣《りゅうせんかく》」といった。天然記念物のオオサンショウウオが棲息していた。横溝正史の『八墓村』のモデルではないかともいわれているが、双子のおばあさんはどこにもいなかった。いちばん近い小都市津山の一九三八（昭和十三）年の三十人殺しという惨劇はあったが、八束村にはこれといった事件もなく、残照に輝く黄金杉だけが村の名物という、いたってのどかな場処であった。

父は珪藻土《けいそうど》を採取している工場の総務課に勤務していて、月に一度、鳥取の倉吉工場に県境の犬挟峠《いぬばさりとうげ》を越えて、従業員の給料を取りに行っていた。

その東の県境の人形峠には、かつてウラン鉱山があった。日本一有名な兄妹の妹の名がウラン。可愛らしい響きさえあるこの名に、私はずっと不穏な違和感を抱いてい

八束村からのぞむ
蒜山連山

たが、アトムとウランは、思えば切っても切れないものだったのだ。アトムは原子、ウランは原子力。原子力に強い恐怖感はなかったが、子どもごころにぼんやりと、ウランは危険なものという認識があったからだ。

若き日にドストエフスキーの『罪と罰』を描き、「朝日ジャーナル」に「ネオ・ファウスト」を連載中の六十一歳で亡くなるまで、反体制の人であったはずの手塚治虫が、なぜウランなのか？ 人間の心を持ったロボット、アトムの誕生は、近未来の二〇〇三年七月四日の設定だったが、実際に描かれたのは一九五二（昭和二十七）年。その時原子力は、日本という国にとって、来たるべき輝かしい未来の繁栄と成長の夢だったのだ。

「鉄腕アトム」生誕の地、ＪＲの高田馬場駅では、発車の際にアトムのテーマソングが流れる。二〇一一年三月十一日以降、そのメロディーは、今までとは違う響きで耳の内側に絡みつくようになった。

「灯」と「抒情文芸」のエレガンス

知的でエレガントな絵が嵌め込まれた雑誌が眼に留まった。「文学界」など大人の文芸誌のようなシンプルさでありながら、ロマンチシズムにあふれている。馬車から今まさに降りようとして華奢な足首を伸ばしている若い女性。馬車の背景はニュアンスのある緋色で、衣装の薄い赤鼠色がタイトル周りの色に選ばれ、品のよい調和が保たれている。点描を交えた洗練された描線のその画家の名は、浜田伊津子。雑誌の名は「抒情文芸」。はじめて手にした数ヶ月後に、休刊になる運命にあった。

大衆向きの少女雑誌しか知らなかった中学生は、地元高円寺や阿佐ヶ谷あたりで、バックナンバーを蒐めるうちに、創刊のときは「灯」という同人誌のような誌名だったことを知る。内外の名作や詩にいざなってくれたのもこの雑誌だった。巻末には投稿文芸作品が載り、巻頭二色頁には、選ばれた詩が載っている。洒落た言葉を駆使して常連だった水野晶子、後に「水木杏子」になった影沼涼らを思い出す。執筆者のなかでは、城夏子の「抒情文芸散歩」、坂本越郎や滝口雅子の詩の紹介、モルナール『リリオム』、ロマン・ロラン『ピエールとリュース』、ズーダーマン『憂愁夫人』、芹沢光治良『明日を逐うて』、ロバート・ネイサン『ジェニーの肖像』、そして詩人はリルケ、ジャム、グウルモン、シュペルヴィエル、エリュアールなど、ここで教えられた作品は数え切

上　初めて買った「抒情文芸」誌
浜田伊津子の気品ある
表紙絵に魅せられたが数ヶ月後に
休刊になる運命にあった
下　「灯」から「抒情文芸」に
改題された頃

れない。特に、堀辰雄の「聖家族」「ルウベンスの偽画」「菜穂子」に登場する少女の原型となった作家宗瑛《そうえい》（片山廣子の娘総子）について記された、城夏子のかぐわしい文章は、今も忘れることができない。

それは六年余の短い期間の刊行だったのにもかかわらず、いまだ私に清冽な影響と印象を残す。結城信一が「束の間の晴れやかな憂愁」と書いた女性のある時期を受けとめるようなかたちで、その雑誌は存在していた。失われた「エレガンスと含羞」が、そのなかには確かにあった。

信濃追分と福永武彦夫妻のこと

紫のぼかしに短冊を散らし、物憂い横顔の婦人を配した七夕の絵葉書。裏をかえすと、旧字旧仮名の見馴れぬ文字が綴られている。差出人の名前を見て私は驚いた。それが福永武彦先生にはじめていただいた夢二の絵葉書だった。そのとき、先生の余命があと四年などということを、誰が予測しえただろうか。

「この間はお手紙ありがたう　豆本二冊たのしく拝見しました（中略）　今どき本づくりの好きな人なんてのは珍しいから大いにおやりなさい（中略）　これから追分の方に出かけますから　夏の間にこちらに来たらお寄りなさい　原則的には面会謝絶ですから　電話を先にかけるか　ちやんと自己紹介をして下さい」

そして末尾に追分の電話番号が書かれてあった。

福永先生からはじめて届いた
夢二の七夕の絵葉書

夢はいつもかへつていつた　山の麓のさびしい村に
水引草に風が立ち
草ひばりのうたひやまない
しづまりかへつた午さがりの林道を

（のちのおもひに）

立原道造の詩にうたわれた信濃追分は、私にとっての夢の芯であり、その村を訪れたことで、その後の人生をも変えてしまった格別な魔法の場処であった。はじめて手製の小さな本を作ったのは中学生の時、高校で立原の詩集に出会い、周辺を読み進むうちに、彼が「散歩詩集」という多色の色鉛筆で詩を書き付けた手製本を作っていたことを知った。架空の版元「人魚書房」を考案、『萱草に寄す』という楽譜型のソネット（十四行詩）集も刊行していた。そして、学生時代からたびたび信濃追分に逗留し、その地の風物をうたい、避暑に来ていた少女に想いを寄せて、きよらかな調べの数々の詩を残した。彼の詩が生まれるためになくてはならない信濃追分という土地の名は、私の心に夢間の風のように吹いてきた。

ようやく大学二年の夏休みに、追分行きを決行した。上野から急行で三時間という時代だった。追分旧道の脇本陣である油屋旅館に立ち寄り、裏手の泉洞寺の墓地を歩いたが、見たかった黄色いゆうすげの花はどこにも咲いていなかった。それは、夏の半ばまで咲く花だったのに、訪れたのは晩夏だったのである。

墓地の、堀辰雄が愛した石仏の前でぼんやりしていると、こちらへ向かってくる人影がある。四季派の詩人たちが好きで、頻繁に追分を訪れているという。その人に村

追分の写真集
『おいわけふゆものがたり』
60×57㎜

の名所旧跡を案内してもらい、最後に、油屋裏手の山荘を指差して、あれが福永武彦の別荘だ、と教えてくれたのだった。その作家の小説は、高校生の時に『夢見る少年の昼と夜』を最初に読んで、異国の当て字や物語のなかの恋人たちを集めたノートを作っている少年が自分そっくりだったので、たちまちファンになり、『草の花』や『風のかたみ』に心酔していたところだった。

　同年の冬、私はカメラとともに駆り立てられるように信濃追分に向かった。始発電車が追分に到着したとたん、歓声があがるほどに美しい樹氷がホームの向こう側に連なっていた。駅から旧道へと歩きながら、ひっきりなしにシャッターを押し、やがて福永邸の前を流れる小川まで辿り着いたとき、川のほとりの枯れ草が凍りついて、星の花のようなうつくしさだった。その花と山荘をカメラに収め、帰京してから、それらの写真のベタ焼きを使って『おいわけふゆものがたり』という四角い小さな本を作った。まだタイトルを入れる手段として、ひらがなのインスタントレタリングしか選択肢がなかったのである。六ツ切に伸ばしたものにはケースを作り、撮影した駅のネームプレートを貼って、写真の授業の課題に提出した。

　この小さな本は焼き増しをすれば複数作れるので、もう一冊を作って山荘の持ち主に敬意を表して郵送した。それをすっかり忘れていた半年後に、突然届いた返信だった。もとより何の期待もしていなかったので驚いたのだが、せっかく電話番号まで書いて下さっているのだから、訪問してみようと決めた。

　電話をかけると奥様が出られて「あなた、豆本の女の子よ」と伝える声が聞こえ、日時を約束した。初めてお目にかかった先生は、ゆうすげ色の黄色いポロシャツを着ていらした。前日、北軽井沢の照月湖のほとりで描いてきたクサフジやホタルブクロのスケッチを熱心にご覧になり、「いいな、僕も描こうかな」とおっしゃった。その日は、『廃市』のサイン本を頂戴し、教えていただいた「ゆうすげのいっぱい咲いている」第二林道で、日暮れるまでゆうすげの絵を描き続けていたのを思い出す。

初秋に届いた絵葉書に「僕は夏の間毎日草花の写生をして愉しみました　黒いペンの下書に日本絵具で色をつけたものです」と書かれている。のちに中央公論社から出版された『玩草亭百花譜』の最初のスケッチの野あざみの日付が八月六日、お目にかかった数日後なので、ほぼ間違いなく、その日のことが契機になったのだと思う。

学習院大学では恐いと評判の先生になぜか気に入られて、カットを描くアルバイトまで紹介して下さり、成城のお宅にまで訪問することを許された。

当時のスケッチブックに描かれた
ゆうすげと桔梗のスケッチ

やがて、四年生の夏に追分に伺うと、「もし就職するつもりなら、どこか紹介してあげよう」と、S社やT社、つまり執筆なさっている出版社の名前をあげられたのだが、私には有名出版社志向が皆無だった。「六人くらいの小さいデザイン事務所に行きたい」と思っていたので、お願いしますとは言えなかった。

すると、秋になってからいきなり自宅に電話があり、「早くしないと間に合わないよ。そうだ、君は去年追分で『ミセス』の編集長に会っている。あの人に紹介状を書いてあげるから取りに来なさい」と言われて、急いで成城に赴いた。封はしていないから見てもいいよ、ということだったので、帰りの成城の並木道で開けてみると、当然ながら褒めてあるので、使い物にならなかったらどうしよう、と困惑した。

一度しか会っていない「ミセス」編集長に封筒を届けにいくと、「私は四十度の熱があった時も仕事しました」と言われ、「あなたは、もし面接まで行ったら、自分で作った本を持ってらっしゃい」と助言されたが、一次の学科が通らなければ紹介は効かないようなので、どのみち無理だろうと思っていた。

その頃、新聞で見つけた「ぴぽ社」という紙工作の製品を作っている六人くらいの会社に面接に行った。すぐに気に入られて「明日からでも来てほしい」と言われたのだが、まだ他社の一次試験の結果待ちだったので、即答が出来なかった。結局一次試験も面接もパスして、入社はできなかったのだが、ぴぽ社はまだあるのかな、と今でもふと懐かしく思い出す。ぴぽ社やS社やT社に入社していたら、私の人生も大きく変わっていたかもしれない。それでも私は、「君にはあそこが向いてるよ」と福永先生がご自分で選んで推薦して下さった会社が大好きだった。「君は何も相談しない」と言われて

追分の福永山荘
「玩草亭」のスケッチ

いたので、辞める時には相談に伺ったが、その一年後に急逝されたので、なぜあと一年待てなかったのかと、いついつまでも悔いは残った。

奥様の貞子《ていこ》さんとは、先生亡き後も、成城のお宅や追分の山荘をお訪ねした。世田谷の教会で開催された一周忌の記念会では、宝塚の「風のかたみ」のパネル作りなどもお手伝いした。信濃毎日に載るという清瀬の療養所で知り合った頃のお二人の思い出を書いた草稿も見せていただいた。掲載には至らなかったようだが、雪の降る日に、先生の病室のガラス戸をトントンと叩くと開けてくれた、というくだりは、映画「また逢う日まで」のシーンを連想させた。

一九八九年の私の最初の個展「夢の豆本と装幀展」には、大きなアレンジメントを贈って下さった。初日のオープニングには、乾杯の音頭をとって戴いた恩師庄司浅水先生、作家の清川妙先生、田中澄江先生のお嫁さんで画家の三田恭子さんなどがお見えになったので、皆様にお引き合せした記憶がある。

著作権を守った奥様がどうやら生活に困窮していらっしゃるのではないか、と思いはじめたのは、成城の家と先生の蔵書を売却し、厳冬期も含めて四季を追分で過ごされるようになってからである。ある夏、一緒にタクシーで旧軽井沢に行った時のこと。浅野屋でパンを買い、郵便局の横の露地を入ると、小さなブティックがあって、とりどりに美しい秋のニットが飾られていた。なかでもとびきり華やかな、さまざまな色の花モチーフを配したセーターを胸に当てて微笑み、奥様はそのセーターを包んでもらった。

その後はもうお会いする機会がなかったが、二〇〇六年、軽井沢高原文庫の副館長

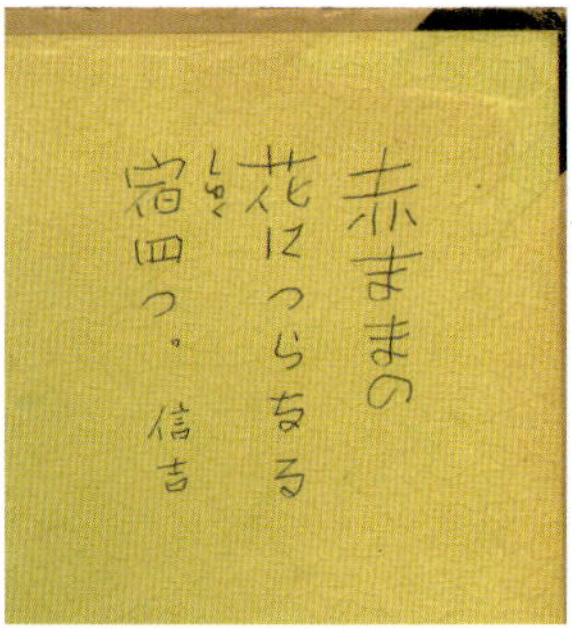

同人誌「海賊」と
伊藤信吉さんが酔って書かれた
信濃追分の俳句

さんがポーラミュージアムアネックスでの「本の仕立屋さん」展のために上京されたとき、奥様が三年前に群馬のホームで亡くなったことを告げられたのだった。もしかしたら、あれが最後の贅沢な買物だったのではないか。何かうらがなしく最後にお会いした日の旧軽の情景が思い出された。

日本女子大「詩と童話まつり」と諏訪優さんのこと

目白の東京カテドラル聖マリア大聖堂の近くの日本女子大学のキャンパスで、「詩と童話まつり」が開かれていた時期がある。日本女子大に山室静研究室があった頃で、「目白児童文学」の姉妹誌として、同人誌「海賊」が発行されていた。アドバイザーに山室静、特別同人に立原えりか、森のぶ子、宮地延江、同人に安房直子、森敦子、生沢あゆむなどが名を連ね、児童文学の関係者たちが、年に一度集まって講演と懇親会を開催していた。同人誌の表紙絵は、立原えりかの夫君の渡辺藤一。表紙の印刷は凸版、本文はまだタイプ印刷という時代だった。

友人が日本女子大に通学していたので、何度かその講演会に参加したことがある。埴谷雄高、三木卓、久保田正文の講演、安房直子の音楽にのせた童話の朗読、吉原幸子と石垣りんの詩の朗読があり、聴衆は女子学生が多かった。私は立原えりかさんと手紙のやり取りがあったので、終演後に挨拶に行くと、『あなたも二次会にいらっしゃらない?」とお誘いがあり、いつも携えているスケッチブックとともに、のこのこ

「もしも愛が……」が
収録されている『愛の詩集』
蜥蜴革の斜めの継表紙に、
ハートと天使のパーツ付き
100×69㎜

と近くの居酒屋の二階の大広間までついていった。

まったく予期しなかったことだが、私の座った座布団は、右に伊藤信吉、左に諏訪優という、素晴らしく豪華な場処であった。酔った伊藤信吉さんは、私が信濃追分で描いたゆうすげや萱草や桔梗のスケッチをご覧になると、やおら筆記具を取り出し、裏表紙に大きな文字で「赤ままの／花につらなる／宿《しゅく》四つ。」と俳句を書き付けられた。「信吉」とサインまで入っているので、特に揮毫を頼んだわけではなかったが、あとから考えれば幾重にもありがたいことである。おそらく追分の話題になって、軽井沢、沓掛《くつかけ》、借宿、追分と四つの宿があるという話になったのだろう。

諏訪優さんとは何の話をしたかあまりよく覚えていないが、エミリィ・ディキンソンの詩「もしも愛が……」の翻訳者ということは知っていた。

一時間まつのも長いこと
もしも愛がすぐそこにあるとしたならば
永遠にまつのもみじかいこと
もしも愛が最後にむくいられるとしたならば

その後、『旅にあれば』という詩集を送ってくださった時、詩集とは、こんな風に縦長の洒落た作りにするものなのだと、学生ながらその判型に新鮮な驚きを感じたのだった。ジャズの会のチラシを頼まれたり、詩の朗読会に連れて行っていただいたりしたが、ほどなく私も社会に出て、いつのまにか疎遠になっていた。自分にとっては、少女雑誌や訳詩集で読んだディキンソンやケネス・パッチェンの「天使のようにできないかしら」の訳者としてのイメージだけが長く大きく消え残っていた。『旅にあれば』のなかの、「日本列島は雨季に入る／クチナシの花は肉体のように匂い／肉体のように崩れ」という梅雨のしめやかなフレーズとともに。

夢見月、万朶の花のまぼろしは……

夢見月は陰暦三月の異称である。夢見月を迎えると、そっと思い出す情景がある。大学に入ったばかりの頃、背後から私の肩をつついて、振り向いた手にシュークリームをのせてくれた、クラスメートの男の子。文化人類学や文学や図学製図など、選択科目が一緒で、教室でよく出会った。内接楕円や五角形の描き方を教えてくれた。誰にでも、「君」ではなく、「あなた」と呼んだ。彼は高原の町の土産物屋の息子で、二浪していたうえに大人っぽく、私にはずっと年上の人のようにも思われた。

しかし次の年の春には、彼の姿はもうキャンパスのどこにも見ることはできなかった。毎年芸大を受けつづけ、ようやく合格したことをその時知った。私たちがぽやぽやしている間に、きちんと課題を提出しながら、何度めかの受験に備えていたのだ。現役で私立に合格したら、出していた芸大の願書はなかったことにして、アルバイトに励んでしまった私には、それほどまでにして幾たびも高みに挑む気持ちが、よくわからなかった。達者なデッサンが目に浮かび、胸のなかにじわじわと寂寥がひろがっ

万朶の桜は夢の花
はかなく潔く
夭折したひとのように

て、はじめて私は自分の感情に気づいたのだった。

夏休みを前に、私はある計画をたてた。休みには、彼は実家の高原の町に戻っていることだろう。観光で来たようにさりげなく、その土産物屋を訪ねてみよう。

さて、目指す店は駅前の鄙びたたたずまいの一軒で、地味な箱入菓子と絵はがきと木の葉の栞のほかには、売るものとてないようだった。

おずおずと彼の名を口にすると、兄嫁らしき人が答えた。

「ああ、K君なら、昨日東京に帰りましたよ」

なんという間の悪さ！　確かめたわけでもないのに、居ると信じて疑わなかった自分の迂闊さがうらめしかった。ふらりと入って注文したラーメンのつゆの中に、とめどなく涙が落ちて、食欲は少しもわいてこなかった。

彼との夢のような再会があったのは、さらに翌年のことである。

中野と杉並の区境の路地、私の家からほど近い場処に彼のアパートがあると聞いてから、中野駅に行く日には、バスを使わず、裏通りを歩くことにしていた。所在はすでにわかっていて、灯りのともっているドアの前までも行きながら、そのまま帰って来た日もあった。訪ねるほどの勇気はなく、偶然にそのガラス戸が開きはせぬかと、そんなわずかな確率に賭けたのだった。

それは幾度目かにアパートの前を通った日曜日のこと、春はまだ浅かったが、奇跡のように閉ざされた戸が開いたとたん、その窓に爛漫の桜が咲き乱れ、次々と天へ舞い昇ってゆくまぼろしを見たのである。彼は私を見て驚き、そして微笑んでくれた。

学校に残されていたデッサンを届けたり、本を借りに行ったりして、私はそのあともアパートを何度か訪れたが、ある日の正午すぎ、二人で何気なくテレビのドラマを見ていた時、彼が「この女の子は、あの人を好きなんだよ。でも彼は別の人が好きなんだ」と解説してくれた。どれほどの意味が込められていた言葉かは、今もってわからない。「ん〜」と言いながら、中野と杉並の区境を越えた。以来、私はもうその裏通りに行くことはなかった。

それからどのくらいの月日が経った頃だろうか。野辺山を旅した私は、その帰りに、ふとなつかしい彼の故郷に立ち寄ることを思いついた。本人は居なくとも、消息くらいは聞くことができるだろう。なにか清々しい気持ちだった。

駅に降り立つと、町はおそろしいくらいに変貌していた。昔ギターを弾く若者に似合った素朴な駅前通りは、今や子どもじみた建物と騒々しい人混みに埋め尽くされていた。彼の実家は、ピンクの三角屋根に白い壁のおとぎの家そっくりに建て替えられていた。

彼のことを尋ねると、おびただしい牛のぬいぐるみを背に、兄らしき人は、「五年前に癌で亡くなりました」と告げたのだった。芸大を卒業し、大手の自動車会社に就職してまもない頃にちがいない。

まぼろしの万朶《ばんだ》の花は開いても、その町に二回とも思いの花はついに開かず、私にとっては、どこまでも無念そのものの町であった。

写真の授業で提出した作品のベタ焼きを使って5枚の組写真をキャラメル函に収めた『しなのおいわけ』58×62㎜

モノクロ写真と言葉のラチチュード

モノクロ写真はラチチュード（濃淡の幅）をひろく！　と、学生時代の写真の授業で繰り返し言われた。ハイライト（印画紙の白）とシャドー（黒の最も濃い部分）の間に、いかに明度の違う豊富なグレートーンを表現するか、に腐心していた。コダックのプラスエックスの長巻フィルムを、ヨドバシの店頭でもらった使用済みパトローネに、一本ずつ装填してはカットし、小分けにして使った。夜、浴室はにわか暗室となり、淡い光線の差し込む暁まで、フィルムと印画紙現像を繰り返した。印画紙は、画像によって硬質か軟質かを選ぶ。中央を円形にくり抜いたイラストボードによる焼き込み、手のひらをすばやく動かして、濃度を落としたくない部分を隠しながら焼く覆い焼き。それらを駆使して、原版に自分なりのニュアンスを加えてゆく。印画紙の基本は六ツ切（8×10インチ）だった。

原寸のネガのベタ焼きをまず見てもらい、◯の付いたコマを六ツ切に引き伸ばして講評を受ける。七五三や成人式には明治神宮に行き、都知事選があれば人波に埋めつくされた投票日前夜の新宿東口広場に駆けつけ、踏み倒されないように、壇上の代議士の背広の裾を握りしめながらシャッターを切った。年末になれば、羽子板市やだるま市を撮りに浅草へ行った。旅に出る時は、傘を忘れても一眼レフのカメラだけは、抱きしめるように連れていった。

明治神宮では、豪華な総絞りの振袖や、白貂のショールをまとった娘さん、ともに満艦飾に装った親子などが大半だったが、近隣の神社で出会った母親は、三歳の娘に

群衆で埋め尽くされた
都知事選前夜の新宿東口広場
1970年代半ば頃

は晴着を着せていたが、自分は乳飲み子を背負った割烹着の普段着姿だった。浅草のだるま市で、いわくあり気なだるま売りのお兄さんにカメラを向けると、着古したジャンパーのポケットに手を突っ込んだまま、はにかむように笑ってくれた。撮る側もようやく成人という年齢だったが、撮影と現像で対象と二度対峙することによって、階層の陰と日なたを、おぼろげに垣間みるような気がしたものだ。

赤外線フィルムでコントラストを強くして撮った『しなのおいわけ』は、いちばんいい焼き上がりのものを課題として提出してしまったので、さらにもう一冊を作った。のちに、ベタ焼きを使ってミニチュア版も作った。塵入りのクラフト紙を貼ったキャラメル函型の中に、追分周辺の五枚の組写真を入れ、函の題簽《だいせん》は、鋲の付いた信濃追分駅のネームプレートを、正面から撮影したものである。

意識的に強いコントラストで階調をとばし、ホスピスの終末期の老人たちを撮ったイタリアの写真家マリオ・ジャコメッリは「白、それは虚無、黒、それは傷痕だ」と言っている（辺見庸『私とマリオ・ジャコメッリ』より）。階調を取り払った画面には、凝縮された真理だけが剥き出しになり、辺見庸の語るように、白と黒以外には、ぼんやりした青の輪郭くらいしか色調を感じることはできない。

白と黒との対比を考える時、中学の担任教師が卒業のはなむけに贈ってくれた「いつでも、どこでも、誰にでも、『カラスは黒い』と言える人になりましょう」という珠玉の言葉が、いまも口許によみがえる。黒いものを白いと言いくるめられることなく、どんな時にもゆるぎない自身のスタンスを確立持続させること、と解し、身が引き締まる思いがした日のことも。

階調のあるモノクロ写真には、饒舌なカラー写真にいやまさる匂い立つような豊潤な色相を感じとることができる。虚無と傷痕の間の無限のラチチュードに、その色彩が浮かび上がってくる。カナリヤイエロー、ピスタチオグリーン、ターコイズブルー、コーラルピンク、キャロットオレンジ、サンドベージュ、ファイアレッド、ココアブラウン。あるいは、萌黄《もえぎ》、鬱金《うこん》、鴇《とき》色、縹《はなだ》、瑠璃《るり》、橡《つるばみ》、群青《ぐんじょう》、滅紫《けしむらさき》、鶸茶《ひわちゃ》、二藍《ふたあい》、銀《ぎん》朱《しゅ》……。寡黙なグレートーンのなかに、あらゆる色彩が内在している。

そして、言葉にもまたラチチュードがある。言葉には艶とリズムと華やぎと説得力がなければならない。絵は瞬時に色彩がわかるが、言葉は、モノクロの紙面を読み進むにつれ、色彩が匂うように立ち昇らなければならない。詩歌に触れ、古典に接していると、あやなす言葉の奥深さ、古語のたおやかさ、歴史の名残り、幾重ものラチチュードの連なりが記憶の中に堆積してゆく。

何かを創造しようとする時に、濃淡、強弱、明暗、緩急、大小、静動、疎密、遠近、直曲、諧調と破調、それら相反するものへのゆるやかな認識は必要だ。もちろんすべてを盛り込むことはありえないが、常にその意識を持っていれば、表にあらわれた一枚一節に、万感の想いを託すことはできる。

「夢の蒼ノオト」と「Nostalgic Words」

中学生から大学生にかけて、古語辞典や国語辞典、漢和辞典、類語辞典を読んで、

長い時間を費やして作った
「夢の莟ノオト」と「Nostalgic Words」

言葉を拾うのが好きだった。

大学生の時、古語辞典から言葉を選んだノート「Nostalgic Words」と、気に入った詩や言葉の断片や本や映画、物語の構想を書き付けた「夢の莟ノオト」、物語の出場者を蒐めた『登場人物辞典』を作った。

古文には、美しい日本語が満載である。夢見月、夏羽月、得鳥羽月、松風月などの月の異称のほかに、身体の部位などにさえも、えもいわれぬ優雅な名前が付けられている。ひかがみ(膕/膝裏の部分)、かいな(腕)、おとがい(頤/下顎)、まなかい(目交)など、それらは若く柔軟な脳の襞々にまで沁み込んでいった。大好きな「季刊銀花」に出会う直前の時期だったが、ちゃんと「き」のところに[銀花]=雪、灯火の形容、と書いてあるのには、のちに開いて見て我ながら驚いた。きれいな古語ばかり集めていたので、ラインナップに入ったのだろう。

「夢の莟ノオト」には、紫式部の『源氏物語』のパロディ、江戸時代の戯作者柳亭種彦の『修紫《にせむらさき》田舎源氏』の、原本と呼応するヒロインたちの名前が列挙してある。藤壷の宮=藤の方、葵の上=二葉の前、夕顔=黄昏、花散里=花郷、明石の上=朝霧、末摘花=稲舟姫。またピクトグラフィーとしての源氏香(五本の短冊の天地がどのような形で繋がっているかで、香の名前がわかる。共立女子大の新館の窓が縦に三つに仕切られていて、五本ではないのに、なぜかこの源氏香の形に見えた)。そしてフランス革命後の革命暦。いにしえの色名。古式の言葉。

『登場人物辞典』は、アナトール・フランスの『アベイユ姫』のアベイユとジョルジュ、『ポンペイ最後の日』のグローカスとイオーネ、『緑の館』のアベルとリーマ、『リラの森』

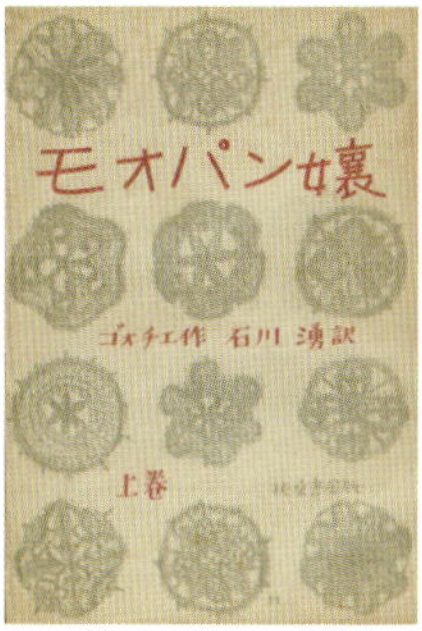

ゴオチェ『モオパン嬢』上巻／石川湧訳
1948年扶桑社刊／花森安治装丁
下巻とめぐりあうのに20年の
歳月が流れた

のブロンディーヌとパルフェ、『サンダリング・フラッド』のオズバーンとエルフヒルドなどの恋人たちの名前と、脇役たちの辞典。

偏愛する歌人は、後鳥羽上皇主催の五百番歌合でデヴューし夭折した若草の宮内卿。詩人は、大手拓次、尹東柱《ユンドンジュ》、広津里香、高祖保、吉田一穂、坂本越郎、伊藤海彦、ルミ・ド・グウルモン、アンリ・ド・レニエ、ゲオルグ・トラークル、ジャック・プレヴェール、ポール・エリュアール、好きな作家は、筆頭がテオフィル・ゴーティエ、ジュディット・ゴーティエ、ダフネ・デュ・モーリア、久坂葉子、中里恒子、結城信一、龍胆寺雄、磯永秀雄、松永茂雄、斯波四郎、大井三重子……。それらは、自分自身の嗅覚で嗅ぎ分けた、優れてひそやかなものたちだった。声高に叫ぶわけでもなく、ひっそりと咲いている広野のクローバーのなかの四葉のように、心ある少数の誰かがいつか共感してくれれば、それでよかった。

そして読みたくても読むすべのない本の数々。小宮山書店の店頭で、花森安治の挿絵に飾られた上巻だけをみつけて、二十年近く下巻の読めなかったゴーティエの『モーパン嬢』は、岩波文庫の復刊でようやく読むことができた。バイロンの『海賊』、クリスティーナ・ロセッティの『妖精の市場』、オストローフスキーの『雪姫』は入手したが、まだヘリオドロス『エチオピア物語』、メーテルリンク『マレエヌ姫』、リチャードソンの『クラリッサ』、ソフィ・コタン『マティルド』は見つかっていない。

また、未だ書けぬ物語群。花が咲くと、雄蕊《おしべ》が伸びてマッチになり、一輪ずつ咲いたその日に燃え尽きて落ちる「トトル・ククルとマッチの実」。みずうみを裏返すと鏡になっていて、空から見ると、鏡面に湖水の生物や植物、そして死んだ女の子が映っ

バイロン『海賊』／木村鷹太郎訳
尚文館書店刊

ている「裏返しのみずうみ」。「過ぎし日と来たる日の窓」「むなさわぎの森」「美貌の盗賊と七人の姫」「絲遊《かげろう》の少将」。

当て字の頁には、いちばんのお気に入り、『シラノ・ド・ベルジュラック』より「男の羽根飾《こころいき》」などが書かれている。J・ミネカイヅカの『夜の花ざかりまたは小説』は、内容は今ひとつよくわからなかったが、馥《かお》る、巷巷《まちまち》、方策《てだて》、情景《デコール》、辯解《いいわけ》、微睡《まどろ》む、といった漢字と当て字ルビの乱舞に興奮した。

幕末の日米和親条約締結後に大急ぎで考案された諸外国の国名には、希臘《ギリシャ》、西班牙《スペイン》、瑞西《スイス》、瑞典《スウエーデン》、丁抹《デンマーク》、白耳義《ベルギー》、土耳古《トルコ》、葡萄牙《ポルトガル》、都市は華盛頓《ワシントン》、桑港《サンフランシスコ》、聖路易《セントルイス》、伯林《ベルリン》、羅馬《ローマ》など、苦心の跡が窺えて興味深い。

メモの断片は、深海の花アンベルーラ、贈答の和歌とタイトルのみ残って散逸してしまった王朝の物語、古代の彫像の口角だけをつり上げたアルカイック・スマイル（古式の笑い）、大手拓次や精神病患者などの絵にしばしば見える草花の花冠の部分が顔になっているバロメッツ（半獣半草）など。気に入った絵や写真を見つけて、切り抜いてスクラップするように、これらは自分だけの言葉のスクラップ帳なのだった。のちのちこのノートからさまざまなインスピレーションを授けてもらうことになった。

現代豆本館と三井葉子の『夢刺し』

大学生の時、『私の稀覯本〈豆本とその周辺〉』（丸ノ内出版）という、当時としてはかな

三井葉子『夢刺し』
静岡豆本第8集
56×49㎜

り高価ではあったものの、手にしたからには買わずにはいられない本と出会った。カバーには、西洋の重厚な豆本棚に、革装箔押を施された瀟洒で小さな本たちが、宝石のように収められている。棚のそばに置かれたタバコと灰皿で、おおよその大きさが判る。

本文には、毎頁上段にコレクションした本の書影とタイトルと寸法が記されていた。読み進んでいくうちに、著者の今井田勲という人は、主婦の友社から戦後文化服装学院出版局に局長として招かれ、「ミセス」「銀花」の名付け親だということ、そして、内外の豆本コレクターの第一人者であることを知った。しかし数年後、その人が局長である出版社に就職することになるなどとは、ゆめゆめ思いつくはずがなかった。

それよりも、静岡県藤枝市にあると書かれている「現代豆本館」には、ぜひとも行ってみたいと思い、すぐに東海道線に乗った。今井田さんのお友達で、「静岡豆本」の版元のお医者さんが、国道一号線沿いに建てた小さな赤い三角屋根の喫茶店兼図書館である。説明をしてほしいと喫茶店のマスターに頼むと、ほどなくして、小笠原淳館長がいそいそとやってきて、嬉しそうに解説をしてくれた。サンドイッチもご馳走になったような気がする。以来、先生が上京し、神保町に足を向けるときは必ず呼んで下さり、お寿司の「いろは」に連れて行っていただいたりした。そればかりか、「かなわ豆本」の井上美子さんをご紹介下さり、そのなかの一冊、関根弘の『路地裏のブルース』の装画を依頼されて、明るい昼下がりのゴールデン街に取材に行き、スケッチを何枚も描き続けた記憶がある。

ヴァイオリンを習っていた井上さんのお嬢さんの美樹ちゃんに、岩波新書の『ヴァ

『私の稀覯本』
巻末に切り取って作れる豆本
「赤穂の空」が付いている

イオリン』からドイツのお話を絵本に仕立てて贈ったり、社会人になってからは、息子さんが事業を始めた時に依頼されて、一緒に事務所を営んでいた父が、新しい会社のロゴマークを作成したこともあった。

小笠原淳さんから最初にいただいた豆本が、三井葉子の『夢刺し』だった。名刺サイズの和紙に活版で一編の詩のみが刷られている。それを半分に折って、タイトル含め八頁分を木版刷の表紙に挟み、赤い糸で綴じてある。このとき初めて三井葉子の詩に触れた。その何とも言えない言葉の妙に惹かれて、『浮舟』という詩集を買った。知的で抑制された官能とでも言おうか。薫香を纏った優雅なトカゲが、ぬめりと地を這ってゆくような感じだ。

死にたいとあなたがお言いになれば
ひのしをしている布《きれ》のうえに
山のつつじが燃え浮かぶ
いのちを寄せるのがそんなに単純なことなのを泣きながら
白い色につつじのいろの寄るはやさにも及ばずに
燃えるつつじの谷まで
ゆっくりと駈落とされてゆきます

（つつじ／詩集『夢刺し』より）

はからずも今井田さんのもとで働くことになって、その短い二年のあいだに、「カネボウ・ミセス女流三賞」が創設された。現代短歌女流賞、現代俳句女流賞、現代詩

三井葉子詩集『浮舟』
深夜叢書社刊

女流賞がそれであり、『浮舟』で第一回現代詩女流賞を受賞したのが、三井葉子だった。この賞はスポンサーであったカネボウの経営不振のゆえなのか、十三回で終焉を迎えている。お会いしたこともなく、写真での凛とした和服姿ばかりが眼裏《まなうら》に残っているが、二〇一四年二月に不帰の人となった。彼女は、小笠原さんと、まだ出会う前の今井田さんを繋ぐ絲であり、その詩とともにひそかに胸のなかにしまっておきたい詩人である。

結城信一と骨細工の小鳥

私がはじめて結城信一の作品に触れたとき、「小説（短篇小説）とはまさにこういうもののことをいうのだ」と思ったが、その味わいは、京都今出川玉壽軒《たまじゅけん》の和三盆「紫野」の口溶けに似ていた。小さくしっとりとつつましく、口に含むと抑制された甘味がゆるやかにひろがり、甘味の感覚が薄れる頃、異質な味わいの大徳寺納豆の存在に気づくまま、分かちがたくその融合の妙に酔ってしまう。そして、芳醇な余韻を残す終末へと急速に収斂してゆく。助詞一文字たりともゆるがせにしない、推敲に推敲を重ねた文章の深々とした余韻。極細の経糸と緯糸が精緻に織り成されたしなやかに美しい絹織物のようだ。

バスがすれ違って、子どもが道路に倒れていた。あとになって、タイヤが二重になっている後輪まで三十センチだったと知った。後輪のわずかに手前で、私は助かって

京都玉壽軒の「紫野」

生きていた。

手に絵の具が付いている、と思う瞬間がある。絵の具は使っていないのに、といぶかりながらよく見ると、小さな傷だったりすることがある。黄味を帯びた琺瑯の白いパレットの上で、混じり、睦み、暈され、乾き、拡がり、膨らんだ、透明水彩の淡い残滓のような絵の具まみれの脚。それが八歳の初夏の夕べのスーヴェニールだった。膝の六針の縫合の痕は、百合の六本の雄蕊のように太く成長した。

結城さんが白金迎賓館(現・庭園美術館)前のマンションにお住まいだった頃にはじめて訪問してから、幾度かその居宅に伺ったことがあった。駅ビルの「つきじ植むら」で夕食をとるために、高速道路を越えて目黒通りの風のなかを並んで歩いていたときのこと。途上にある恩地孝四郎の墓所に立ち寄ったりしたこともあったが、その日は風が吹き渡っていたためか、無言で歩を進めていた。

ふいに私は結城さんの小児麻痺のほそい左脚のことを思ったのだった。その脚から遠い方に私は歩いていた。意識的にそうなさるのである。結城さんはご存じなかったが、そうすることで、私の絵の具まみれの脚からも遠くなるのである。そして、ふたりの相離れている脛骨《けいこつ》のなかに、気が遠くなるほどに精巧な透かし彫り骨細工の鳥籠があって、それぞれに一羽の小鳥が囚われている。その小鳥たちが、目黒通りの風のなかで、相鳴き交わしているような共犯者めいた幻想を覚えた。それは、風の音に消されるまでもない、かそけきさえずりであった。

「……今では私の半身を支へる左脚は痩せて、右脚の半分ほどもないし、唖のごとくに冷たい。私の貧しい命は、この不均衡な二本の脚の上に立つてゐる……」(『螢草』)。

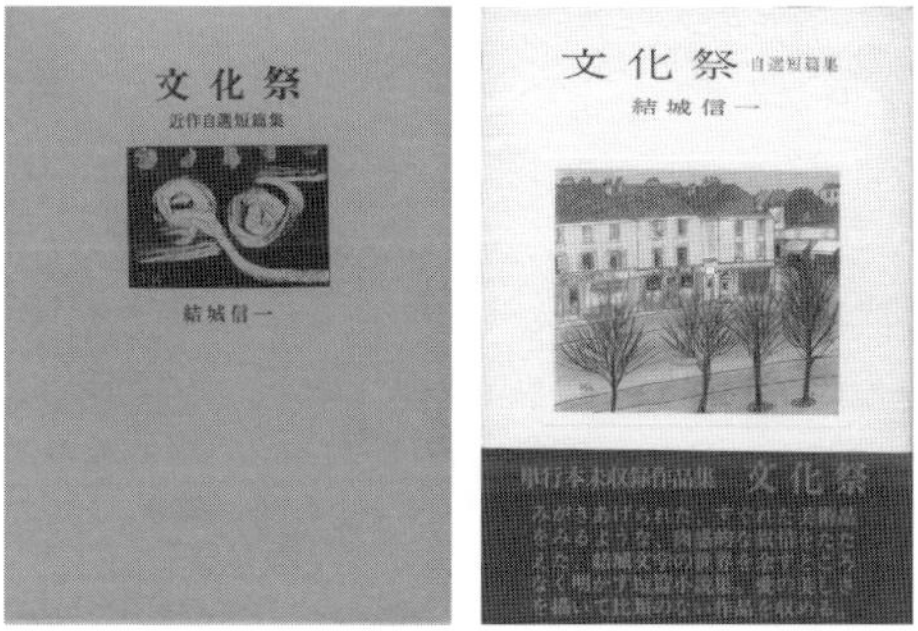

『近作自選短篇集 文化祭』
右　蛾書房刊のA5判並製カバー装
　　装画＝風間完
左　貼函入上製クロス装の私家版
　　本文精興社活字。正字旧かな
　　装画＝駒井哲郎

高まってゆく軍国主義のただなかで、勤務先の中学校の教頭に、ゲートルを巻くことを強要されたことが、血も凍る屈辱であったことが「落落の章」に描かれている。肉体に負目のある者に芯のように宿っているパセティックな愁いは、表には出なくても常に消えることがなかった。そのことが私には、解り過ぎるほどにわかるのだった。

「うぐひすは最も好きな小鳥」と『螢草』の「序の章」に書かれていたが、あの若緑の春告げ鳥に、あたたかい脈動を感じられたからだろうか。骨細工の小鳥は、しかしウグイスではなく、小説『文化祭』のなかで使われた、キャサリン・マンスフィールドの短篇小説「カナリヤ」のように、鳴き交わす鳥がふさわしい。

友人栗林が校長をしている女学校に英語教師として赴任した主人公は、磯貝邦子という女生徒の美貌と利発さに注目する。文化祭で邦子にマンスフィールドの「カナリヤ」の英語の朗読をさせては、という提案に、昨年も磯貝だったと渋る栗林を押し切って、邦子の朗読は実現する。

「カナリヤ」の主人公は、溺愛していた死んだカナリヤを「あの子」と呼んで深い嘆きを語っている。

「……花は、不思議なことに、私と感じ合ふことはあるのですけれど、思ひ合つてくれることはないのです……あの子こそ、ほんたうの私の友達でした。完全なお友達です。……あゝ、それなのに、もうあの子はゐないのです。……といつても、私が思ひ出といふものに病的になつたり、それに負けたりするのではなく、別な意味で、人生に悲しいものゝあることを告白しなければなりません。……私のいふ意味は、誰もが知つてゐる悲しみとか、病気とか、貧乏とか、死とかいふものを指してゐるのではな

結城信一『星の聲』
函の留具にピアスを使った
紙クロスと革のコーネル装
85×64㎜

いのです。……何か、人間の呼吸のやうに、深い深い奥のところにあるものなのです。……それにしても、をかしなことには、あの子のかはいゝ愉快な歌の中にも、この悲しみ――あゝ、一体これは何なのでせう――この悲しみが聞えたのです……」

その朗読を聞きながら、主人公はふと、邦子はもう既に誰かと「感じ合ふ」だけではなく「思ひ合つて」ゐるのではないか、というつよい疑惑に捉われはじめる。「文化祭」は、その疑惑が最高潮になったところで終わっている。

渚の砕け散った貝殻と、人間のさいはての姿とが、ついには同じものであることを知りぬいておられた結城さんは、私にとって、年齢を超えてもっとも「同志」的感覚を抱かせてくれた方だった。特別な感情を抱いていたわけではもちろんない。いま、空想の小鳥は一羽を残すだけになってしまったが、もはや相鳴き交わすことはついぞあるまい。そして、私の肉体が消滅する瞬間《とき》に、一声、静かに鳴いて終えるのだろう。

少女であることの「束の間の晴れやかな憂愁」に深く魅入られていた結城さんは、地上の少女たちが、帝の手さえも拒んで天上へと帰還したかぐや姫ではないことを、誰よりもよく承知しておられたはずだ。小説のなかでは、もうヒロインたり得ない少女でなくなった娘たちが、どう生きてゆくのかを、むしろ人生はそれからなのに、結城さんは決して書くことはしなかった。

生身の人間は、小説の主人公のように少女のまま死ねるわけもなく、かぐや姫のように天上に還ることもかなわない。「束の間の晴れやかな憂愁」は、たまゆらだからこそ貴いが、その時期はいつか過ぎ去る。結城さんの鋭い感性は、学生時代から九年の交流の中で、憂愁が過ぎ去ったことを決して見逃しはしなかっただろう。逝かれてから幾星霜が過ぎても、怖いと思ったのはただそのことばかりだった。

フォアレディースと寺山修司さんのこと

新書館の「フォアレディースシリーズ」に、寺山修司さんが選者だった「あなたの詩集」という、投稿少女たちの作品をアンソロジーにした本があった。私の詩が最初に載ったのは、第十一集『鉛筆のシンデレラ』。「魚のヴァリエイション」という、寺山さん好みの、言葉遊びの一篇だった。

鮫《さめ》たこころ
鯛《たい》くつだ
鯵《あじ》けない
鱶《ふか》いかなしみ
鮭《さけ》び
鮎《あゆ》み
鮃《ひらめ》き
鯉《アムウル》！
鱚《ベエゼ》!!

寺山修司編／あなたの詩集第16集
『愛する時は歌う時』新書館刊
第3回フォアレディ―ス賞を受賞

『新月抄』
藤色と灰青の革の継表紙
レースペーパーにタイトルラベル
背タイトルは銀の活版箔押
87×65㎜

フォアレディースシリーズという若い女性（少女）向けのシリーズが出ていたのは、一九七〇年代がピークだった。宇野亜喜良さんの装丁とA5の定型の天地をカットした四角に近い変型判が斬新で、内容もどこか小悪魔的、当時の生活臭のあるジュニア小説とは一線を劃していた。この集には、のちに三十年来のペンフレンドとなる京都在住の砂岸あろさんの「薔薇のカーニバル」も掲載されている。

その後、寺山さんが責任編集のようなかたちの「ペーパームーン」というA4判の雑誌が刊行された。ペーター佐藤のエアブラシを使ったお洒落な表紙絵だった。書店でその本を立ち読みしていたら、自分とそっくりなことを書いている人の文章が載っていた。（世の中には、同じようなことを書く人がいるものだ）と妙に納得して読み続けると、なんと、投稿した自分の文章だった。末尾に「とてもよかったから、また送ってね！」と書いてある。刷り上がって製本し、配本されてから知る時代だった。あわててその本を買った。原稿料も掲載誌送付もなかった。

すぐに奮起して書いた少女と挿絵画家の物語「新月抄」は、「ペーパームーン」の別冊に掲載された。林静一さんの新月をバックにした大正ロマン風の少女の挿絵が眩しかった。寺山さんの序文は、「邑崎恵子さんの幻想譚は、手鏡にうつし出された前世の記憶を思わせます。上田秋成を祖父に、泉鏡花を叔父にもち、少女の黒髪たばねて書いた邑崎さんの物語は、私たちを生前の世界へと誘ってくれるのです。」というもので、たぶん誰も信じないようなことを、ごく自然に、まことしやかに書く人だった。ペンネームはいくつかあったが、この名前は、紫が好きだったのと、当時は多数派だった「子」が付く名前に憧れていたためだ。

「ペーパームーン」別冊に掲載の
「新月抄」挿絵＝林静一

新書館は、投稿少女たちが編集部を訪問するのを厭わず、むしろ歓迎してくれているようだった。私は出版社に就職したばかりで、もう少女ともいえなかったが、高校生のときから投稿していたので、興味半分でアラベスク(唐草模様)のヴェランダのある千石の新書館のビルを訪ねて行った。自分で作った手製本や絵本を持っていったら、早速写真を撮られ、次号の「ペーパームーン」に「豆本に夢中の詩人」という一頁が出来上がっていた。内田善美さんと一緒に来ていらした、まだ無名(?)の荒俣宏さんと顔を合わせたこともあった。そのあと次々と出版されたニールセンやデュラックやラッカムの翻訳挿絵本の打ち合わせだったのかもしれない。

翌年、フォアレディース賞というマイナーな賞を貰った。規定も応募も何もなく、数年に一度、寺山さんの気が向いた時に出すのである。だから当時も今も誰もほとんど知らないという、そのひそやかさが何とも気に入っていた。劇団天井桟敷で活躍し、岸田戯曲賞を受賞して早世した岸田理生さんは二代目の受賞者である。初代の伊東杏里さんは、一九九六年に毎日新聞社で開催した「装丁物語」展のときに、砂岸あろさんと揃って来て下さり、その時にはじめてお目にかかった。

六年ぶり三回目のフォアレディース賞の発表があったのが、「あなたの詩集」第十六集の『愛する時は歌う時』。寺山さんは「かつて吉屋信子がはたした役割を埋めるようなといったら、邑崎さんは気を悪くするかも知れない。しかし硝子絵のように透明で張りつめたロマネスクは一つの文学領域を思わせる。」と評して下さっている。

ルミ・ド・グウルモン詩/上田敏訳の「立木の物語」を織り込んで、立葵の咲く夏の日に、宿命の糸に引かれて巡りあう美大生とモデルの少女との物語「七月《ふづき》の葵」である。

この時の同時受賞者は、現在白百合女子大学教授の井辻朱美さんで、彼女は「詩を書く東大生」と言われ、早くから塚本邦雄に短歌の才能を見出されていて、ファンタジーの翻訳もひろく手がけ、本名のほかに、草薙汐美というペンネームも使っていた。

賞金の代わりに、本を出してもらえることになった。その時、テーマとして選んだのが、通いつめては物語や詩やスケッチをかいていた信濃追分のエッセイと物語集だった。活版でもオフセットでもコスト的には変わらない時代だったが、私はどうしても活版の圧の気配にこだわった。白石編集長は、フォアレディースの四角い判型に少し飽きてきた時期で、縦長の新しいシリーズを考えていた。かのアップルの誕生よりはるか以前に、翳ったくぼみのないリンゴのロゴマークを考案し、背に配してアップルブックスという新シリーズの最初の一冊『水絵具の村』を上梓した。与謝野晶子の『みだれ髪』を持った妖精がゆうすげの茎に座っている絵を自分で描いてしまったためか、あまり売れなかったようである。宇野亜喜良さんに頼んでもいいと言われたのに、いま思えば何とも無念なことをしてしまったものだ。

詩は、唯一無二の言葉や漢字を択び抜き、挟んだ助詞ひとつで意味がまったく変わってしまうほど精緻なものである。ありふれた言葉を、前後の取り合わせで、輝かせる作業でもある。（これは装丁の、資材の選定とよく似ている）このような絶えまなく推敲する詩的な感覚で散文を書き続けること、すなわち職業にすることは到底できない、と確信した。といって、軽やかに書き流すこともできなかった。

白襟に紺と白のチェックのワンピースの似合った担当編集者のKさんは、高見順の『天使の時間』のヒロイン、若い溌溂とした編集者久美子のような、新進作家だった三島由紀夫とおつき合いしていた頃の、聖心女子学院生だった佐々悌子さんのような、日本画家杉山寧の息女で三島夫人だった平岡瑶子さんのような、ふっくらとした知性の漂うひとだった。

新書館主催のパーティーで、Kさんが寺山さんを紹介して下さった時、「君、何座?」と聞かれたので、「山羊座です!」と答えると、「山羊座なら大丈夫」と言われ、なぜかと問う間もなく、ひらりと取巻きの女の子たちのほうへ行ってしまわれた。会うと誰にでも「君、何座?」と聞いていたという噂もあったが、いまも元気がない時は、「山羊座なら大丈夫!」と自分に言い聞かせている。その時着て行った、前見頃にスモッキングのあるシルクタフタ風のアップルイエローのワンピースを見るたびに、交わされた短い会話を思い出す。多才で山のように肩書きのあった寺山さんだったが、天井桟敷の芝居すら観たことがなかった私にとっては、純粋に小粋で摩訶不思議な物語を書く詩人としてのみ存在していた。

信濃追分の物語集
『水絵具の村』

一九八三年、入院されていた阿佐ヶ谷の河北総合病院で、第一作品集『われに五月を』というとおりの、その美しい五月に寺山さんは亡くなった。満四十七歳だった。青山斎場での告別式には、海猫の群れ翔ぶ青森の海を背に、トレンチコートで微笑している寺山さんの大きな遺影が飾られ、追悼の長い長い列ができていた。

寺山さん亡きあと、フォアレディースシリーズは選者不在になリ、編集長も退職されて、自然に消滅した。時代は、文芸的なものよりも、すでにコミックの方にシフトしていた。私は予定通りに生業としてデザインを選び、書くことからは次第に遠ざかっていった。

BAR珊瑚とグラスの中の深海

銀座七丁目の雑居ビル八階にあったBAR珊瑚。初めて足を踏み入れたのは、先輩のデザイナーのお伴であった。そこはマスコミ関係の溜まり場だった。会社にどんな人が居るのかもよく知らぬまま、勤めていた出版社をあっという間に辞めた頃で、そこで会った人が古巣の営業マンだったこともあった。六本木や新宿に流れ、何を深夜まで話したのか、みな意気軒昂であった。

TOILET PAPERの端を直角三角形に折るのが銀座のバーの流儀だと思いこんでせっせと折っていたが、のちにそれは「お掃除終了」の印だということを知った。ギムレット、マルガリータ、ジンフィズ、ソルティドッグ、ブルーハワイ、ピーチメルバ……。カクテルの名前をひとつずつ覚えたのもそこだった。常連の人々は、明るい海表近い珊瑚の海ではなく、暗い深海を遊泳するようなシルエットになって、夜の人工の光のなかに浮んでいた。

営業マンの弟分だったWさんは、当時先駆けであった女性の人生書を出していた出版社の編集者だった。東銀座の会社にはよく伺って、ともに多くの本を作った。女性社長には跡形もなくなるくらいデザインを修整されたこともあったが、私好みのからりとした人柄を、折にふれ懐かしく思い出す。

宇野千代さんのお惣菜の本の装丁を手がけたときは、舞台に招待していただき、ケーキの本の装丁がご縁でお会いした森村桂さんは、きれいな包装紙をプレゼントして下さった。宇野さんは百二十五歳まで生きるとおっしゃっていたが、三桁には届かな

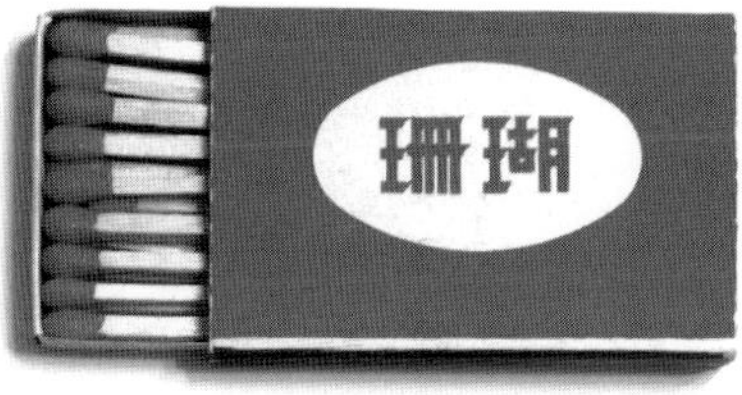

足しげく通った銀座7丁目の「珊瑚」のマッチ

かった。森村さんは、事情はつまびらかでないが、自死であった。Wさんはその後フリーになり、二〇〇九年、六十代の若さで亡くなられた。夜の銀座にも、昼の東銀座にも、行くことがなくなって久しかった。

同年秋、世田谷美術館所蔵のフィリップ・モーリッツのビュラン彫りの銅版画「アビシニア(深海)」(一九六七)に出会った。彼が深海を見たはずはない。なぜなら、実際の深海はもっともっと奇妙でおどろしく、このような美しさはないからである。小さめのアルシュ紙に密度濃い豊饒な夢幻の情景が陰翳深いモノクロで刷られて、横切る白い流れが動きを与えている。たゆとう深海生物のようだった、銀座の夜の人々が思い出された。

飲んだことはないが、「アビシニア」という名のカクテルがある。グラスの中の深海。かつて確かにあってもうない小さな液体が、心のなかにあふれるように沁み出しはじめた。

「すくすく」編集長と豆本『花もようの子馬』

「あんた、この会社、どう?」と、手許の光源の円い灯りだけがある暗室の闇のなかで、ぼっそりと話しかけてくれたMさん。入社したばかりの頃だった。定員二人の暗室は、先にいても、あとから入っても、誰とでくわすか予想がつかなかった。それぞれが手にしているレイアウト用のネガは、「装苑」のグラビアだったり、「ミセス」のインテリ

『花もようの子馬』
各頁の色変わりの紙に
レインボー箔を置き
ホットペンで絵を描いた
86×64mm

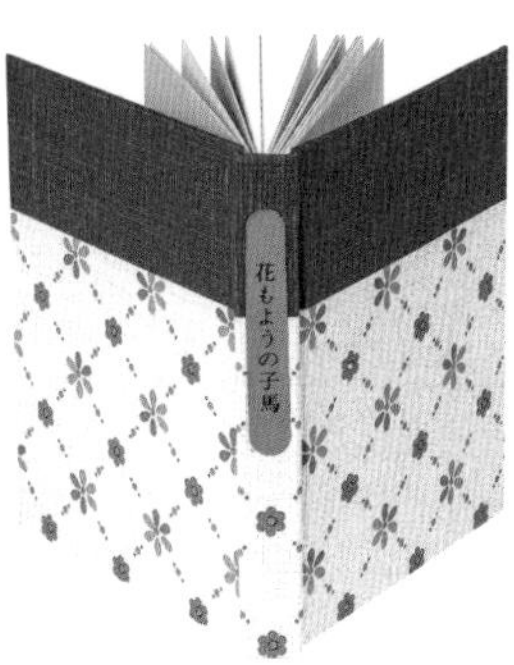

アだったりした。ほとんどおじさんに見えたけれど、二十代の終りだった。携帯ももちろんない時代で、「オレ、あの日、台北に行ってて、連絡できなかったのよ」と、無断欠勤した日のことなどを、のちに語った。入社試験の時も、どんな刊行物があるのかさえも知らず、隣の受験者に聞いてその場をしのいだというつわものだ。

Mさんがサンマーク出版に転職して、教育雑誌「すくすく」の編集長になった頃、「雪つむ野路のものがたり」という、二十歳の記念に書いた童話で、「創作短篇メルヘン賞」というのをもらった。何の気なしに告げると「あんた、何か書いてみる?」といわれ、幼年童話「花もようの子馬」を書いた。一緒に仕事をしていた父が、タイトルをコンテで描いてくれ、牧野鈴子さんから素敵な絵をいただき、カラー頁を飾った。その後「すくすく」そのものがなくなるまで、十篇くらいを書いた。漢字混じりで書いたものを、オールひらがなと分かち書きに換えるのが苦手で、慣れなかった。そのほかにも、レイアウトや装丁、イラストなど、何でも声をかけてくださった。

Mさんは、そうそう出会うことのできない飄々とした型やぶりなひとで、とても面倒見がよかった。差別感がなく、実力者におもねるようなことも決してしなかった。ダイレクトな提言は一切なかったが、アバウトなようでいて、意気に感じる、恩義、礼節、返礼、誠実というようなベーシックなマナーをしっかりと無言で教えてくれた。wiseとcleverの違いについても教えてくれた。

故郷に帰ってしまった同期のひとりが、Mさんに感じるのは「侠気《おとこぎ》」だといった。うまいことをいう、と思った。「本当は暮しの手帖社に入りたかった」と残念そうにつぶやいた彼女は、一時期、深い心身の悩みを抱えていた。担当していた「ミセスの子ど

創作短篇メルヘン賞受賞の
「雪つむ野路のものがたり」
絵＝渡辺藤一

も服」の小さな記事を、「暮しの手帖」の「すてきなあなたに」風にレイアウトして、と頼まれて、それらしい仕上りになっている。野方の「嫁菜の花美術館」の開館お披露目パーティーで暮しの手帖社の方に出会ったとき、もう東京にはいない彼女のことを少しかなしく思い起こした。

サラリーマンは性に合わなかったらしく、Mさんはまもなく独立した。Mさんのオフィスの木製本棚の唐草の彫模様を、なぜか今もけざやかに覚えている。

M夫人のM・Mさんも先輩であり、絵本の編集者だった。父に、アーノルド・ローベルの翻訳絵本の描文字を依頼しに来てくださり、その後幾冊もの絵本が生まれた。今も売れ続けている三桁のロングセラー『ゆかいな ゆうびんやさん』は、各ページの封筒を開くとさまざまな手紙や招待状が出てくる楽しい絵本。本のタイトルを含め、上手い字は父が、下手な字は私が書いた。どこにも名前はないけれど、父亡きあともこの本が書店の棚にあるという事実に、しみじみと幸福な想いがする。

神保町での装丁と小さな手製本の最初の展覧会のときは、ご夫婦お揃いで見に来てくださった。Mさんは四十代の若さで他界したが、葬儀の写真は、二十代の終りの頃そのままだった。黒枠の窓のなかから身を乗り出して「あんた、この頃仕事どう?」と今にも話しかけてくれるかのようだった。来世の次にあるという来々世々までも恩返しがしたかった人である。

「すくすく」にはじめて書いた「花もようの子馬」は、豆本にして、二〇〇二年初版の『自分で作る小さな本』の巻末付録に付けてみた。

からだに青い花もようのある自分が何ものかわからず、その出自をもとめて旅に出る子馬の話だった。自分が何ものになるか、何ができるかまだ不確かだった頃に、Mさんはじめ多くのひとに出会い、その後へとつながっていった。子馬は生まれた場処にたどりついたが、何ものかをさがす人生の旅路に終りはなく、まだまだ果て遠い道かもしれない。

絵本タイトルの描き文字を手がけていた父
著者名まで手描きだった
『ゆかいな ゆうびんやさん』は
いまもロングセラー
文化出版局刊

小川町のオフィスと葬送文化研究会

小学校の校庭から見上げる空に、煙が流れる。それは近くにある堀ノ内斎場の煙突の煙だった。その頃からもうぼんやりと、人がいつか空に流れていくことを知ってしまった。火葬場や煙は日常の光景であり、否応なく近しい存在であった。狭すぎた小学校はその後、農林省蚕糸試験場跡地に造られた蚕糸の森公園内に移転し、小学校のあとは、セシオン杉並というコミュニティセンターに変身した。斎場も明るく近代的なものに建て替えられた。

神田小川町のオフィスに通っていた頃、『火葬場』（大明堂刊）という本があることを知った。共著の一人は、歩いて数分の東京電機大学工学部の先生だった。直接買いに行くほうが早いと思い、すぐに実行。現れた先生は、揺れるごま塩のポニーテールに、ジーパンの草履ばきで、学生と見まがうほど、ラフな出立ちであった。本はA5判草色の函入、紺の紙クロス装の学術書の作りだったが、小津安二郎の「小早川家の秋」に登場する火葬場のシーンなどにも触れられていた。写真も多く、定価に見合う充実しした内容であった。興味があるなら、あなたも研究会にいらっしゃいというお誘いがあり、「葬送文化研究会」に参加することになった。

会のメンバーは、葬儀社の人、銀行員から香奠返しの会社を起業した人、葬送ジャーナリスト、火葬炉の研究者など、日頃は絶対に会うことのできない職業の方ばかりだった。日本の火葬炉は、遺骨を傷めずに収納できる台車式であり、焼却温度は諸外国よりも低い(遺体を大切にする)ということ、従来の香奠返しにはなかった美しいデザインの商品は売行きがいい。デザインとは、ラテン語のデ・シグナルから発し、天上の象徴＝サインを地上に表し、儀礼用の贈答品はすべて呪物としての意味を持つ。デザインこそが心の時代の前衛という話にはいたく感銘を受けた。葬儀社の方からは、「今年もよろしく」と年賀状をいただきながら、なかなかお役に立つことができなかった。ロビーにトレヴィの泉そっくりの噴水のある、外国の明るくモダンなデザイン、ホテルのような葬斎場のビデオを見せていただいたりもした。まだ斎場というと、日本では暗く陰気なイメージを持たれる時代だった。

そして、ひょんなことから、その方たちの原稿をまとめた本『葬送文化論』(古今書院刊)の装丁を担当することになった。カバーには、蠟燭の炎の先端の煤を微妙に位置を変えながらケント紙に写し取り、定着液で模様を固めたものを使った。表紙には、灰色の紙にストライプと大理石模様をあしらってある。自分でコラージュをしたり、和紙を破いたり、装丁をすべて手づくりで仕上げた幸福でやわらかな時代であった。

先生が火葬場についての論文で建築学会賞を受賞されたとき、「この論文を製本してほしい」と、ちょっとはにかんでオフィスを訪ねてこられ、二階の喫茶店「サン・ミ

東京電機大学の八木沢先生と
葬送文化研究会の方々との
出会いからうまれた
『葬送文化論』

ッシェル」で、造本の打ち合わせをした。やがて、先生は電機大学から隣町の共立女子大に転任された。定年後もお元気で研究と旅を続けられ、私の展覧会にも足を運んでくださっている。

オフィスから三分歩くと、すぐに駿河台下交差点。毎日が古書街だった。すずらん通りには、春、うす紅のカスタニエンの花が咲きこぼれ、舗道に散り敷いた。昼食には父と三省堂本店地下のドイツレストラン「ローターオクセン」（赤牛亭／『アルト・ハイデルベルク』の舞台となった店と姉妹店）に行った。壁や天井一面にさまざまなワインのラベルが貼ってあった。今はラベルもなく、店の名前も変わってしまった。そこへ行く途中、源喜堂書店や崇文荘書店にひっかかり、源喜堂では、店頭に新しい仕掛絵本が出るたびに、思案することなく買い占めていた。

オフィスのあったビルは狭い部屋ばかりで、超零細な編集プロダクションや、ライター、デザイナー、翻訳家、印刷屋さん、写植屋さんなど、出版関係が多かった。三省堂裏口を出たところにある居酒屋「兵六」で、隣で飲んでいた人が、「僕、あなたのビルの一階で印刷やっている」といわれ、個人誌「邯《かん》鄲《たん》夢《む》」の印刷をお願いした。彼に「兵六」の向かいの冨山房の編集長を紹介してもらい、「冨山房百科文庫」の幾冊かを装丁した。独立した編集長は私の居たビルで出版社を起し、私も印刷屋さんも去ったあとも、そこで本を出し続け、今は鎌倉に居られると聞く。

二〇〇九年に堀ノ内斎場で二十年神田で一緒に仕事をした父の葬儀があった。翌年知人の母堂の葬儀で桐谷斎場に初めて行った。ともに公共の施設なので、大理石などの建材の種類や意匠や色、待合室や受付の位置や間取り、腰高の壁、エスカレーター

40年目に終刊となった「季刊銀花」
本物の美しさ
手仕事の貴さを教えられた
写真＝小林庸浩

の配置など、まったく同一の図面が基本になっていることを体感した。同じ建物にいるのではないかと錯覚するほどに、既視感に満ちあふれた場所であった。

『葬送文化論』のなかに、桜の木のある火葬場の思い出が綴られており、「風に舞い散る桜のひとひら、ひとひらは、遺族の心にとても優しくつもってゆくだろう」という描写があった。この本の装丁をした時には、まだまだ実感のない感覚であった。亡くなる前年の春の夕刻、公園で爛漫の夜桜を見上げて「蚕糸の森公園の桜か」とそっとつぶやいた父は、来年の桜を見ることはない、と悟っていたのだろう。桜は生きている誰にとっても、永遠に愛でられるわけではない戒めの花である。

「季刊銀花」と金銀花またはスイカズラのこと

「季刊銀花」が、二〇一〇年二月、第百六十一号をもって終刊になった。四〜五月には、善福寺葉月ホールハウスに於いて、「銀花」に連載されていた「〝手〟をめぐる四百字」の原稿と表紙の変遷の展示と朗読会、朗読劇があった。歴代の編集長や懐かしい先輩方に久方ぶりで再会し、感無量で、そのあとの会食に遅くまで話の花が咲いた。

和名スイカズラ（忍冬）の花は、中国では金銀花《ジンインホア》と呼ばれる。はじめに白い花が咲き、やがて黄色になって、同時にひとつの枝に違う色の花がつくので、金銀花といわれた。『中国の花物語』（飯倉照平著／集英社新書）には、金花、銀花という姉妹の伝説の哀話も紹介されている。冬にも葉が枯れないので、忍冬ともいう。

最初期の「銀花」は婦人雑誌風
季刊から隔月刊になった
1969年3月号

「銀花」の名付け親は、もと文化出版局長だった故今井田勲氏だった。今井田さんは主婦の友社から出征を経て復員、独立起業、その後、まだ社員数も二十数人という文化服装学院出版局に招かれた。そのとき、「装苑」(jardin de mode)はすでにあったが、婦人雑誌の企画が上がったとき、今までにない洗練されたクオリティの高い雑誌にしたいと考え、「ミセス」と命名した。サイズも今でこそ主流だが、その頃は画期的だったワイドなAB判で、当時の婦人雑誌の三種の神器を載せないことが鉄則である。

やがて、趣味の雑誌を作りたいと考えたとき、これはぜひ日本語でと思い、「歳時記」をひも解いたものの、なかなかよい言葉に出会えない。ようやく「冬」のところで、「雪」の異名として「銀花」に巡りあう。さらに漢和辞典を引くと、一、燈火のこと　二、雪のこと　三、忍冬の白い花のこと　とあり、イメージがぴったりだった。

私は、「銀花」に比較的多かった民芸的な記事ではなく、アーサー・ラッカムの『ケンジントン公園のピーター・パン』の挿絵本に瞠目して、高校生の時、初めて本を買った。コレクションを写真入りで解説した『私の稀覯本』を手にして、著者の今井田勲氏が当代きっての豆本のコレクターであることも知った。だからといって入社したいと思ったことはなかったが、縁に導かれて、今井田さんに出会うことになった。

入社してみると、恩師で書物研究家の庄司浅水先生、藤枝の現代豆本館館長の小笠原淳さん、学習院大学のフランス文学の教授で作家の福永武彦先生、学生時代に知遇を得た方々がすべて、直接間接に今井田さんとの縁で結ばれていたのだった。当時はっきりと認識していた訳ではなかったが、庄司先生には、実物を拝見しながら西洋の選りすぐりの稀覯本を、福永先生には、趣味を通じて深い人生そのものを、今井田さ

赤外線フィルムで
コントラストをつけて撮った浅間山
私の感性が衰えぬよう
いつも遠くから見守っていてくれる

んには、出版の情熱とこころざしを、指南していただいたと思う。

入社試験の二次面接は、石川達三先生のお宅にお電話をして、お原稿の催促をしなさい、というものだった。まず奥様にきちんとご挨拶をして、先生と代わっていただくこと。ところが奥様は、のらりくらりと場を延ばし、一向に代わってくださらない。やっと原稿の件を承諾していただいた時には、右手にぐっしょりと汗をかいていた。審査員方は笑いながら、困っている様子を存分に愉しんでいる風だった。入社してから、局長の秘書の方が、「あの奥様は私よ。電話番号は内線よ」と、タネ明かしをされて、はじめてからかわれていたのが分かった。この時の入社試験の模様は「ミセス」連載の「天の半分 夫の半分」にも書きとどめられている。（のちに単行本『鶏留鳴記』湯川書房刊に収録）

このことを福永武彦先生にお話しすると、「君は僕のところに手紙を書いたり電話したりしていたから、心配ないだろう。敬語も大丈夫」と言われた。まったく自覚のないままに予行演習をしていたことになる。福永夫人は、すぐに電話を代わってくださる方であった。

私の最初の仕事は、赤坂山王ビルにあった「銀花コーナー」で和綴のノートを買ってきて、局長の蔵書印を押すことだった。

四月下旬の新入社員たちの「局長を囲む会」で、今井田さんは、当用漢字の話や、戦争で船が沈没しそうになり、九死に一生を得たことなどを話して下さったあと、「八百屋さんなら野菜を、靴屋さんなら靴を売るけれど、さて、君たちは何を売るの？」と問われたが、誰も答えられない。「紙でもインクでもない、では紙にインクの付いたものか？　違うだろう、「編集者は感動を売るんだよ」そして、本は、いろいろな分野の方にお願いして仕事をしていただくのだから、作家に「書かせる」とか「使う」という言葉は、うちでは絶対に言ってはならない、とつよくおっしゃった。その日のことは、いつまでも眼の奥耳の奥に残った。

今井田さんは、早々に退職してしまった私に、小口三方金総革夫婦《めおと》函入見返しマーブル装の本など、幾冊もの限定本や豪華本の装丁を任せてくださった。普及版のほかに百部ほど凝った異装本を作ったりする風流な時代だった。愛おしむように少部数造られた限定本にふさわしい、含蓄を持った著者や読者の存在した時代だった。

福永先生の山荘のあった信濃追分に停まる旧信越線は、新幹線開業にともない、軽井沢から乗り換える「しなの鉄道」というローカル線になってしまった。中仙道と北国街道の分岐点である追分は、江戸時代に宿場町として大いに栄えたが、鉄道の施行と新幹線の開通で二度寂びれた。詩集を持って訪れる女子学生ももういない。

横川を過ぎて軽井沢に近づく頃、ゆっくりと姿を現わす浅間山が視野に入るたびに、いつも変わらぬ新鮮な感動で胸が騒いだ。追分の野ではじめて黄色なゆうすげの花を見たとき、はじめて会いたかった人に会ったとき、はじめて小さな本を見様見真似で自分の手で作ったとき、その「はじめての感動」をシンボリックに包含するのが浅間の姿なのである。「君たちは感動を売るんだよ」という言葉とともに、この感覚を磨滅させないことが、自分自身の感性のバロメーターのように思えてくる。

一夜で消えてゆく絵を
無心に描く子どもたちに
うたかたの世で何をなすべきかを
教えられる

路上の絵と〝いのちの香り〟

中央が少し膨らんだコンクリートの道。何かしらいつもとは違うものを感じて、近づいてそれが何なのかがわかったところで、私の目はそのまま釘付けになってしまった。あたかも画布ででもあるかのように、愛らしい子どもたちと花や家などが縦横に描かれてあった。あきらかに幼児のものとわかる描線は、イエロー、ピンク、ブルー、グリーン、ホワイトの五色のチョークで、道のなかほどまでも広がっている。子どもたちは実に楽しげに、またのびのびと、道の上で遊び戯れていたのだった。私は急いでカメラを取りに戻り、アングルを変えては次々にシャッターを押し続けた。

絵は、濃いグレーのコンクリートにしっくりと調和したパステルトーンで、四角い胴体、三角のスカートなど、幼児の絵の特徴を示しながらも、どこか心に沁み入るような哀感があった。これが遠からず消えてゆくもの、ほんの一雨であとかたもなくなるものだと直感したからかもしれない。幼児は誰かに見せるために描いたのではもとよりなく、ただこの戸外の道に無心のインスピレーションを得て、描きはじめたら、道は黒板よりもひろびろとして、さぞ楽しかったことだろう。深い山奥の湖のほとりに、咲いては花を散らす野草たちが、誰かに見られるためではなく、まさしく自分自身のために咲いているように。

予感のとおり、その夜は雨になった。路上の子どもたちは、のびやかな手足を流されはじめているだろう。何やら落ち着かぬ夜を過ごして、翌朝戸外に出てみると、あの生き生きとした絵は、もうこの世のどこにも存在してはいなかった。

それは遠い日の情景だったが、写真は今も私の手元に残っている。仕事に使えないかと思ったりもしたが、装われるにふさわしい本には、いまだ巡り会えないままである。著作権所有者も描いたことすら忘れ果てているはずだから、捜す手立てはもはやない。

このうたかたの人の世で、一生もまさに路上の絵のようなものではないだろうか。どれほど優れた仕事をしたとしても、不滅のいのちはついに宿らず、もともといなかった人のように消えてゆく。そのあとにまた絵が描かれ、ふたたび流されてゆく。しかし、いのちがはかないものだからこそ人は何かを残そうとし、はかなさの意味を思いめぐらすのだろう。その思いに〝いのちの香り〟があったなら、私は世間の評価や価値観を超えた共鳴を覚えてしまう。すでに定まった評価というものは、長いこと私自身には何の意味も持っていなかった。それは他者が与えた価値観だからである。自分の眼と手で見つけたものを、自分の流儀で愛してきた。それらがもう高い評価を受けている場合もあるし、まったく無名なときもある。そして、後者のほうが、私には限りなく愛しい。

どこにでもあるのに、いつも新しい感動を呼ぶもの、それは一日の終りに空が焼けて、移ろってゆく朱の色、暮れてゆく菫色、深い陰影に彩られた雲の流れや、微少な皺をうねらせている海のさざなみ、渚の風紋、燃え立つような紅葉、さまざまな六華のヴァリエーションを見せてくれる雪の結晶などである。自然や季節のゆるぎない彩りの前にあっては、無上の芸術もたちまち色を失ってゆく。自然の造形は、ただ美しく豊かであるばかりでなく、思い切りがよく、あらゆるものに対して平等だからで

世界初の長編小説『宇津保物語』
口語訳全4巻
四季の巡りと音楽芸術論が展開される
講談社学術文庫

ある。

十世紀の後半に書かれた『宇津保物語』は、『源氏物語』に先立つ日本最初（のみならず世界初）の長篇小説だが、紫式部がこれを準拠としたのにもかかわらず、華やかな『源氏物語』の蔭に隠れてしまったような感がある。写本に乱れがあり、文章も式部ほど巧みではなかったため、読まれることがごく少なくなっていったということらしい。

そのはじめての現代語訳（浦城二郎訳／講談社学術文庫）を読んだ時、『源氏物語』より遥かにドラマティックなストーリーに昂揚し、主人公仲忠の琴に対する厳しい姿勢に打たれた。琴の名手俊蔭一家の四代にわたる物語。若き日に一読してすっかり魅せられてしまった浦城氏は、善本といわれる九州大学所蔵の写本をもとに、三十年を費やして入替、削除、移動などで文体を整え、読みやすく格調の高い訳文に仕上げている。

代を重ねるに従って学芸の技量は落ちてゆくことが多いのに、この物語では、遣唐船が嵐で波斯国《はしこく》に流れ着いたため、その地で琴の秘技を習得、名器を持ち帰る俊蔭、両親の早逝で没落する俊蔭の娘、四本の杉の木の根方の空洞《うつほ》に母とともに移り住み、森の恵みで養う聡明なその子仲忠と、次第に琴の技量が勝ってゆく。仲忠はじめ公達たちがこぞって恋焦がれる絶世の美女貴宮《あてみや》、立太子をめぐる宮廷の権力争い、仲忠の母ひとりを北の方として大切にする実父右大将兼雅の誠実が、一条院に住まわせていた恋人たちへの不実となるというパラドクスも面白い。それを恨みに思っている元恋人からは、枯枝に結んだ文が届く。

和歌の贈答の場面は豊富で、紅葉の枝に赤の薄様（薄い雁皮紙）、紫苑の造り枝に薄紫の結び文、白い竜胆《りんどう》の折花に付けた文、喪には鈍色《にびいろ》の紙など、王朝時代の文のやり取りとその機智、季節感、優れた色彩感覚、素材の選定などの美意識がどれほど熟していたのかが、現代の手紙の衰退とともに合わせ思われるのである。

弾きはじめると天女さえ空から舞い降りるという仲忠の琴に対峙する姿勢は、見事な音楽芸術論になっている。春夏秋冬の四季の巡りに、虫や鳥の声、空や雲や花の色、風の音、月や雪や雨を心に思い、山頂に高い人の志を、池の下の水に深い人の情けを偲び、この世のあらゆるものが時とともに移ろい、ついにむなしく消えてゆくことを心に留め、それを弾き表そうとしなければ、琴の妙技は会得できない、と彼は断言しているのだった。千年も昔の思いは、現代にあってそっくり自分の思いに重なってくる。

自然には及ばない人の力といのちのはかなさを知りつくし、なお何かを作っていこうとする人の、その作品は、必ず誰かの胸に響いてくる。それは数多い人でなくていい。私はそんなふうに生きたかったし、そういうものを探し続けた。おそらくこれからも、そのこだわりは消せないだろう。たとえ大輪の花翳に隠れていても、〝いのちの香り〟を嗅ぎ分けて、いつのまにかそれを探し当て、大切に心のなかに育んでいくことだろう。

久世光彦さんと「邯鄲夢」のこと

箱のなかに箱があり、それを開けるとまた箱がある。開けても開けても箱があり、

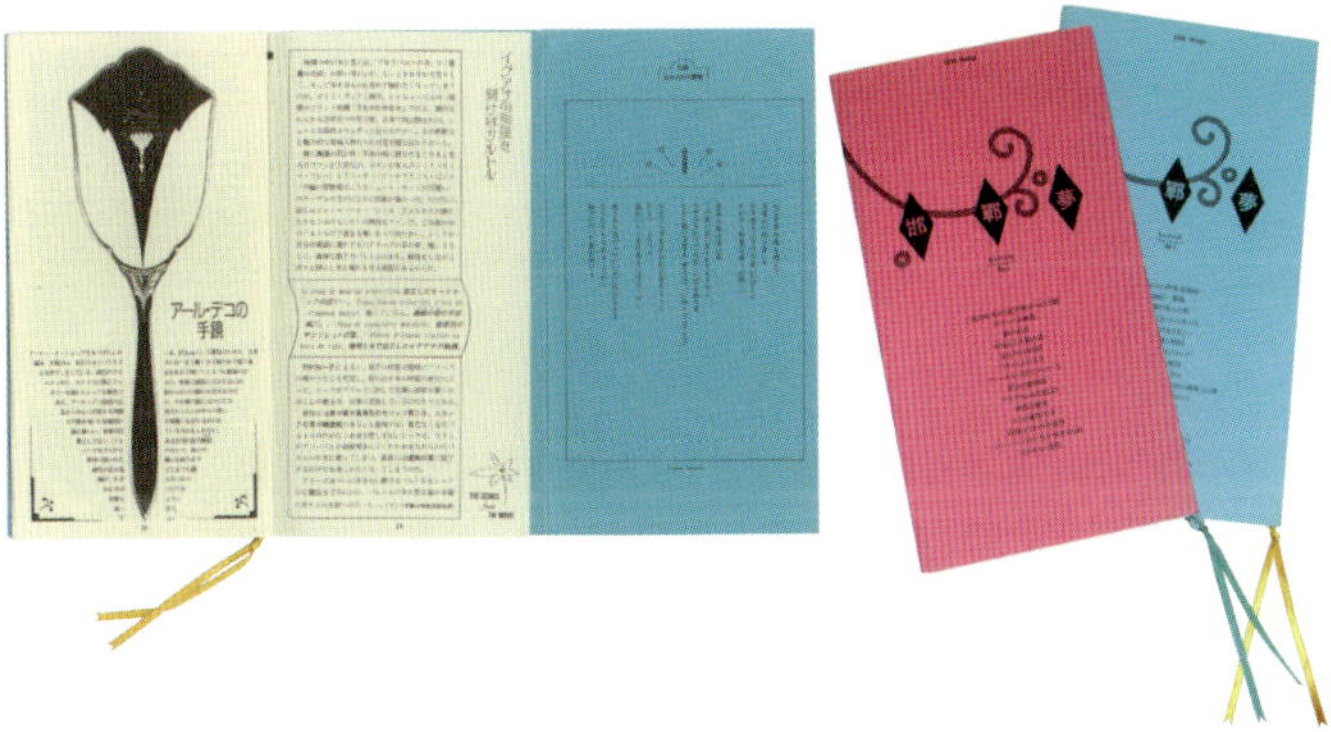

メニュー綴じの個人誌
「邯鄲夢」
1、2号の表紙と本文
210×115㎜

少々不安になった頃、ようやく小さな本が顔を出す。このマトリョーシカのような重ね箱のイメージは、絵のなかの絵、そのなかの絵、と限りなく小さくなってゆきながら果てしなく同一という無限の繰り返しにどこか似ている。それは、この世ならぬ異界にいざなってくれる通い路のようだ。

　私が本職の装丁の仕事のほかにライフワークとして作り続けている小さな本は、いかなる制約もなく自由なのだが、まず第一に小ささを競うことなく、本文のレイアウトが整っていて、文学書のように文字がきちんと読めるものであること。そしてそこに、箱を開けるときのようなときめきとサプライズ、無限の絵を見るような不思議さと遊び心を感じさせ、さらに内容が面白いものであることに心を砕く。間違っても玩具になってはいけない。

　表紙に高価な皮革を使って、麻糸で丁寧に綴じられたルリユール本は、端正で飽きのこないものではあるけれど、優等生的でどうしても面白みには欠けるのだ。重さのない小さな本をルリユール本仕立てにしっかりと綴じる必要はない。むしろ、どこを省略するかをいつも考えている。単語帳のように、カシメひとつで綴じてあっても本は本なのである。既存のテキストを綴じて衣装を着せるのではなく、自作であれ好きな詩集であれ、本文部分もすべてオリジナルで、レイアウトをしてから表紙を考える。したがって、本文ができた時点で、本はもう八割方仕上がっているといってもいい。

　私の作る本は、本でありながらグリーティングカードのような、ある時はステーショナリーのような、あるいはギフトボックスのような様々な顔を持っている。どんな形式を選ぶかは、まずその内容によって考える。森の物語なら紅葉した葉や葉脈をそ

邯鄲夢巻末付録
「切り取って使える絵葉書」

のまま使い、王朝の和歌集なら、本そのものをスライドする扇の形にしてしまう。同じ場所の真昼と日暮れの物語は、右と左に開く二冊の本が、一枚の裏表紙でつながっている。キャラメル函型のケースに入った高原の写真集、額縁の中の写真にタイトルが箔押された秋のコント、コーネル装スパイラル（らせん）綴じのスケッチブック、幾重もの薔薇の花冠を開くかのように、めくり続けてようやく一枚の絵に出会う本もある。

長いこと刊行を夢見て、ようやく一九九四年に創刊した、長形三号の封筒にぴったり入る小冊子「邯鄲夢《かんたんむ》」は、作り続けて来た本の延長線上にあるのだが、複数制作のため、一冊本とはまた別の楽しみを味わうことになった。今は神保町で営業している古書店「かんたんむ」は、かつて高円寺にあり、窓際に「ユリイカ」のバックナンバーがため息のように積んであった。

周知のことと思うが、むかし邯鄲の地で盧生という人が、栄華が思いのままになる夢を見る。しかし目覚めてみると、それは豆さえ煮えていないほどの短い時間だったというのである。人の世のはかなさの譬えとして使われるが、まことにこのはかなさのゆえに、人は生きられたり、ものを作ったりするのではないだろうか。

表紙の形式は、観音開きの四ツ折で、二ツ折り十六頁の本文を、三ミリ幅のリボンで、表紙のいちばん左の谷折の部分にメニュー綴じでセットする。表紙とリボンの色が毎回変わって行く趣向で、本文レイアウトも毎回違う試みを考えていた。左開き横組で、原則見開き完結。巻頭特集などは長くとも二見開き。縦横の文字組みの混じったコラムランドのようなものである。内容は、アナグラム、回文、当て字、エンドレスポエム、星形やハート型に文字を組んだレイアウト、異国の旧い絵葉書のモノロー

久世光彦『昭和幻燈館』
晶文社刊

グ、誰も知らない埋もれた本、亜流本のワンランク下の面白さ、絵画や映画の背景にある小道具のこと、切り取って使える巻末の詩入り絵葉書。相互の脈絡はないのに、それなりに納まってしまうのが妙である。この頃はワープロ版下で、タイトルのみ写植を使っている。

執筆者は、周辺の友人や編集者、大学教授などで、原稿料は現物支給。筋は付けてあるので自分で折ってもらい、リボンの掛け方も伝授した。

現代はあらゆるものが巷にあふれているのに、触れ合う心や遊び心がいかにも少ない。それなら自分で作ってしまおうというのが発端なのだから、風の話を集めたような、遊びの小箱に徹しようと思った。

演出家の久世光彦さんは、この個人誌をとても気に入ってくださって、「尋ねうたの時間」の漢詩が、『和漢朗詠集』に収録されていることを教えていただいた。『蝶とヒットラー』で、Bunkamura主催の「ドゥ・マゴ賞」を受賞され、その授賞式に呼んでいただいた時に、はじめてお目にかかった。書き急ぐように次々と本を出されて、読むのが追いつかないくらいだったが、正直なところ、初期の『昭和幻燈館』と『怖い絵』に、久世さんのお好きなものはもうすべて盛り込まれているように思った。「邯鄲夢」を「定期購読します」とおっしゃっていたのに、時はあまりにも早く流れて、忙しさにかまけて一九九五年の第二号までしか出せないままに、久世さんは突然遠くに行ってしまわれた。

『Le Livere des Roses』
横の折本をベースに上下に開く頁をプラス、
頁の奥にメッセージ枠のあるギフトブック。
70×70㎜

『OLD ROSES』
内函と本体を外函に貼付けた一体型。
内函と見返しは、ニュアンスのある雲模様。
留具は待ち針。75×58㎜

ルドゥーテの薔薇の本
—折りたたむ2冊の本

クリスマスの赤い本

── アンティークカードと星のピアスを使って

『Season's Greetings』
窓の開くカード、三層になったカードなどの
仕掛のあるアンティークカードの本。
赤い布貼りにラインストーンの付いた星形のピアスを留具に。
見返しは柊模様。77×62㎜

源氏物語の本
──宇治十帖と源氏香

紫式部『宇治十帖』
重ねの色目のように頁が少しずつワイドに
赤から紫のグラデーションになっている。
帙の絵は、自作のグリーティングカードを縮小。
75×94㎜

『源氏物語うたのしるべ』
源氏香に和歌を添えた本文を、
花の形に組む麻の葉模様の内函と
継紙模様の和紙の外函に包み、
トンボ玉の付いたゴムで留める。
75×58㎜

●左側の箱は、古布の上に自作のガラス絵を嵌め込んだもの。

仔猫の写真集
― エンボスの革に猫のメダル付き

『KITTY CATS』
肉球のようなエンボス加工の革表紙。
見返しも白地にシルエットの黒猫模様。
本文は可愛い仔猫たちの写真集。
55×73㎜

アールデコスタイルの本
── 扉の開く本と『花売り娘』

『ART DECO STYLE』
アールデコの洗練された品々。
表紙は型押牛革の継表紙。
窓が開きモガの連れた犬が現れる
ヴィンテージブローチ付き。98×60㎜

ラディゲ『La Marchande de fleurs』
表紙は青緑の革に花籠の
アンティークブレード。
見返しは波形模様に花の鉢。
動物園の白鳥に恋した花売り娘の話。57×73㎜

函入の扇の本

―扇ことばと世紀末の扇の本

『Fans 1865-1903』
19世紀末前後の銅版画の扇コレクション。
本文は左右両側に十字に開き、
表紙は扇の意匠の布。
函には金属の扇と金のビーズ付き。
74×74㎜

『Words of Fans』
舞踏会での「扇ことば」を
解説した本。半円の函に貴婦人が配された
優雅な扇とタイトルラベルが貼られている。70×98㎜

『Les cartes postales antiques』
アンティーク絵葉書に、プレヴェール、
アンリ・ド・レニエ、アポリネールなどの
フランス詩の一節を添えて。
表紙は朱の紙クロスとの継表紙。
グラデーションになった栞の先に、
小さな透かしのリーフ付き。70×98mm

アンティーク絵葉書の本
──栞にリーフの付いた本

木とプリントの果物の本

― 蝶番の付いた切手の本と
青森りんごの本

『FRUIT』
本文は、黒地にぶどう、いちご、リンゴ、ザクロなど、
9種のサンマリノの果物の切手貼り。
木製の表紙にアンティーク風の蝶番の飾り付き。
アメジスト色のガラス玉を嵌め込み、
左右から三角の雌雄を嵌め合わせる黄色の貼函入。
タイトルは本体は金箔、函は色箔押。
71×81㎜

『apple』
ふじ、紅玉、金星、王林、陸奥、北斗、千秋、世界一、
ジョナゴールドなど、12種の青森産リンゴのカタログ。
本文はオレンジの紙の糸綴じ。
表紙は文字の入った綿プリント貼り。
背と小口に色違いの革を配した両袖装。
見返しは小さな赤いリンゴ模様のラッピングペーパー。
70×62㎜

小林かいち画集
——トランプと薔薇の絵封筒を使って

『小林かいち画集』

昭和初期に活躍した画家、小林かいちの木版絵封筒を縮小して
折本にしたもの。表紙と帙は朱のスエード風のクロスでくるみ、
帙の留具は、かいちの絵にしばしば登場する金属製のハートのエース。
かつて絵封筒を扱っていた京都「さくら井屋」も今はない。
99×56㎜

花刺繍の切手の本
―リネンの布にビーズを留めて

『Flower Stamp』
サンマリノの9枚の花切手を
クラフト紙の飾り罫の中に
貼った本。
表紙は切手枠に花刺繍の
リネンの布。
継表紙の溝に
金のビーズ留め。
74×54㎜

第2章

忘れえぬ物語
偏愛する詩人たち

『10月はたそがれの国』／宇野利泰訳
創元推理文庫

『メランコリイの妙薬』と『ノスタルジアの妙薬』

レイ・ブラッドベリの短篇集『十月はたそがれの国』を読んだのは、中学生の時。赤毛の魔女と大きなトカゲが妖しい建物の前を歩いている表紙の絵に、ひどく興味をそそられたからだ。初めて買った文庫本だったかもしれない。今でも覚えているのは、この中でもごく短く、しかも鮮烈な読後感を残す「みずうみ」だった。

湖水の渚で幼い少年少女の短い交流があり、二人で半分ずつ、砂の城を作って遊んだ。しかしある日、少女は湖水で行方不明になってしまう。長い長い時が過ぎ、新婚の妻と一緒に湖を訪ねたかつての少年は、監視人が引き上げた小さな灰色の袋の中を見る。汀の浅瀬で待ち続けた少女。年もとらず、仕草も同じ、そのままで凍りついたような少女が、十年を経て発見されたのだ。大人になった少年の駭き……。

同じ題名でもシュトルムの『みずうみ』は、イムメン湖のほとりで、かつて思い合った恋人たち、今は若夫人となったエリーザベトと、学問の道に生きるラインハルトの淡くも苦き再会の物語である。湖に浮かんでいる白い睡蓮の花を、泳いで手折ろうとしてついに果たしえなかったラインハルト。その睡蓮の花は、決して自分のものにできなかったエリーザベトを象徴するかのような遠くて仄かな花である。

この物語は、老人がプロローグとエピローグに登場し、過ぎし日を回想する「枠物語」となっており、幾年が経てもラインハルトはエリーザベトを想い続け、今は孤高の学究となっていることが判る。

立原道造のソネット（十四行詩）の「はじめてのものに」の最終連に、

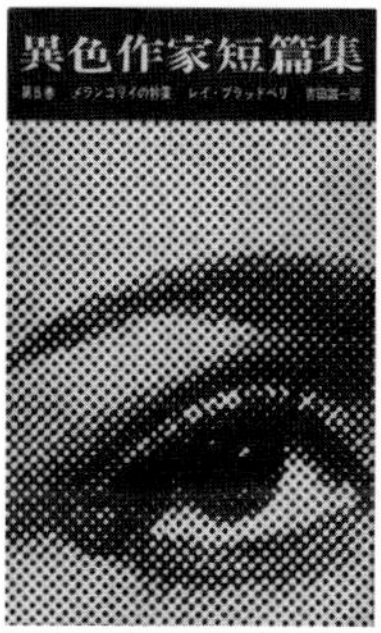

異色作家短篇集第5巻
『メランコリイの妙薬』／吉田誠一訳
早川書房刊

いかな日にみねに灰の煙の立ち初めたか
火の山の物語と……また幾夜さかは　果して夢に
その夜習つたエリーザベトの物語を織つた

というフレーズがあり、この物語が、初歩のドイツ語のテキストに使われていたことが窺える。

ブラッドベリの作品でそのほかに心に残っているのは、『たんぽぽのお酒』と『メランコリイの妙薬』。大学時代の同級生が「たんぽぽのお酒」作りに夢中になっていたが、賞味させてもらったこともなく、熟成に成功したものかどうかは、謎のままである。

「メランコリイの妙薬」は、鬱の少女が、病重くもう助からないような状態になったところに、吟遊詩人が現れ、満月の夜にベッドを戸外に出して、月光を浴びて眠るようにと指示をする。そして翌朝、少女は晴れ晴れとした表情をして、家族は見事に病が癒されているのを知る。この短篇も多くは語らず、実は何だったのかは、想像するほかはない。

ブラッドベリに触発されて、中学校の生徒会雑誌に「砂糖漬専門店」を、高校の生徒会雑誌に「ノスタルジアの妙薬」を書いた。

「ノスタルジアの妙薬」は、「メランコリイの妙薬」からインスピレーションを得たもので、全記憶を喪失している男が主人公。降り止まない雨を見つめながら、公園のベンチで雨宿りしている寄る辺のない身である。彼の知りたいのは、ただただ自分の過去だけだった。

『ノスタルジアの妙薬』
2枚のガラスに
赤い錠剤を挟んである
90×60㎜

雨に打たれた草むらのなかで、ふと目にした濡れそぼる小壜。一着しかない服を濡らしながらも、それを掴んだ主人公の目に、小壜のラベルがするどく目に飛び込んでくる。

――ノスタルジアの妙薬――！

効能書きを見て、彼は躍り上がった。……これを飲みたる者には、必ず強き郷愁の念あり。効力は世に比類なきものなり。されど、……

そのあとに書かれているはずの副作用への注意は、破れて不鮮明で、読むことは叶わなかった。しかし「強き郷愁の念」は、この数年の鬱屈を忘れてしまうほどに魅力的な言葉だった。ためらわず薬を飲んだ彼は、導かれるようにある建物をめざして歩いていった。旧い研究所の一室、そこに間違いなく彼のアイデンティティーがあったのだが……。

散逸物語うたのしるべ

『散逸物語の研究――平安鎌倉時代編』小木喬著、笠間書院刊。定価九千五百円。厚さ六センチの函入の大冊。神保町の西秋書店で、まだ売れていない、今日もまだ、と毎日確かめながら、ようやく手に入れた時は、どんなに嬉しかったことか。

平安時代に紫式部によって『源氏物語』が書かれたあとに、その人気にあやかってか、室町時代にかけて亜流の物語が次々と生まれた。『夜半の寝覚』『浜松中納言物語』『と

『散逸物語うたのしるべ』
奉書紙の本文に和歌が書かれ
絵が貼られている
表紙は土佐の斑染め縮み和紙
123×91㎜

りかへばや物語』『狭衣《さごろも》物語』『葉月物語』『有明の別れ』など、内容が判明しているもののほかに、名のみ残って散逸してしまった数々の物語があった。物語の全容がわからなくても、その存在とおおよそのプロットがわかるのは、物語のなかの贈答歌が、『無名草子』や『風葉和歌集』などの文献に、切れ切れに垣間見ることができるからである。たとえば、「夢ゆゐ物思ふ」は、『風葉和歌集』に、あめわかみこと中宮の返歌が掲載されている。

夢ゆゐ物思ふのあめわかみこ
哀とは思ひ出じや人しれぬ夢のかよひぢあとたえぬとも
御かへし　中宮
これやさはかぎりなるらんうば玉のよなよなみえし夢のかよひぢ

中世小説に「天稚彦物語」というものが二種ある。一つは異類の求婚・天空遍歴からなる七夕由来譚、もう一つは、天稚彦と人間の恋愛談であり、後者が「夢ゆゐ物思ふ」の改作であると言われている。

ランダムに失われた作品のタイトルを書き出してみると、なんと想像力をかき立てる魅力的な物語群だろうか。

あさくら山
さとのしるべ

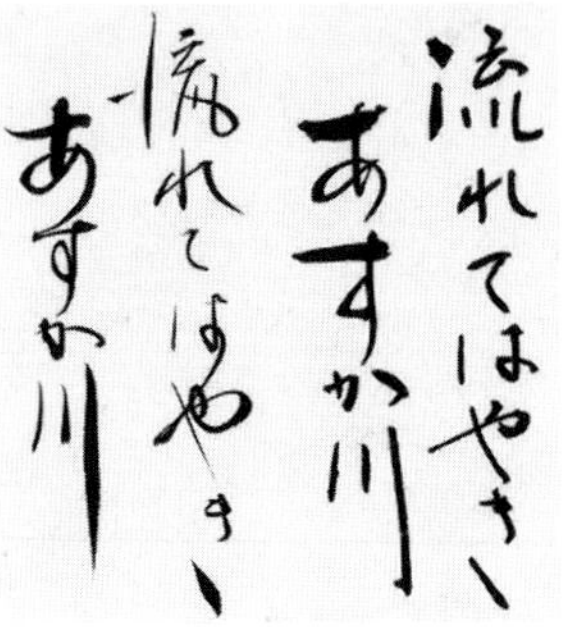

緩急のリズムのある父の毛筆

しづくに濁る
しのびね
末路の露
玉藻に遊ぶ権大納言
露のやどり
はこやの刀自
扇ながし
みづからくゆる
闇のうつつ
みかはにさける
水あさみ
夢ゆゑ物思ふ
よそふる恋の一巻
夢路にまどふ
緒絶えの沼
網代車
流れてはやきあすか川

一九八九年の初個展の折に、神保町の檜画廊の向かって左側のウィンドウに飾ったのが、この物語の中から撰んだ和歌に絵を添えて折本に仕立てたものである。絵を私が描き、父に毛筆で文字を書いてもらった。『流れてはやきあすか川』は、試みに薄みどりの紙に書いた文字が残っていて、その流麗な筆使いに、肉親ながらほれぼれとしたものだった。翻訳絵本のタイトルのレタリングも描いていたので、書家の感覚ではなく、デザイナーとしての緩急のリズムが絶妙であった。留め、撥ね、文字の大小、ストロークの変化も自在にできたようである。

字の上手さと人格とは必ずしも正比例しないが、試し書きでも捨てられないし、何となく尊敬の念をいだいてしまう。父は絵も文字も独学だったが、何事も徹底的に極め、決して途中で投げ出すということがなく、思想信条も終生変えることがなかった。しかし、人前では自分の能力をひけらかすことはなく、雇われずして仕事ができるのが嬉しくてたまらない様子だった。

美しい文字というと、すぐに思い浮かぶのは三島由紀夫だが、原稿の実物を見たことはない。松永伍一さんの四百字詰め原稿用紙に書かれた文字をそのまま横長の紙面に原寸で印刷し、伴颸さんの絵と共に函入豪華版詩画集『道祖神、その幻聴』を作ったことがあった。出版記念会で著者のお二人とお話したが、事前に拝見していたその筆跡は、三島の一糸乱れぬ優美さよりも、もう少し生真面目で硬質な美しさであった。

久世光彦さんの文字は、頂戴した書簡が手許に残っているが、「僕はあの字で耽美的な文章を書くと自分に酔ってしまうから、ワープロで書くんだよ」とおっしゃっていたように、うっとりするような華麗で勢いのある文字であった。コンピュータは使えないからと、買い貯めておかれたインクリボンをおそらく使い切ることなく、思いがけなく早く逝かれてしまった。

ロマン・ロラン『花の復活祭』と『獅子座の流星群』

春の芽吹きを感じる三月になると、ロマン・ロランの戯曲『花の復活祭』を思い出す。そして、日暮れの早い十一月になると、『獅子座の流星群』に思いを馳せる。それぞれは、ロランがフランス革命に題材を採った一連の戯曲のプロローグ（序曲）とエピローグ（終曲）に位置している。

『花の復活祭』——時は一七七四年の枝の日曜日の前日。大公クルトネの城館の見晴し台。バルコニーで逢引きしているのは、大公と元帥夫人との庶子ド・ツリー士爵と庭造りの娘ユシェット。士爵の義理の兄の伯爵は、自由主義者と親交のある父大公とも対立していて、義弟のこともこころよく思っていない。弁護士のマティユ・ルニョーは、幼なじみのユシェットに恋しているが、ユシェットはド・ツリー士爵《シュバリエ》に夢中である。

そこへ、大公がすべての相続権を士爵に譲ったとの報が入る。士爵の身に危険が迫っているのをルニョーは感じとるが、すでにランプを持った、士爵に恨みを持つゲランと共に森に出て行ってしまったあとだった。森から銃声が聞こえ、ユシェットは失神する。

一七八九年に民衆決起のフランス革命が起こり、バスティーユ牢獄襲撃、ルイ十六世やマリー・アントワネットらの処刑、王政の廃止、そして国民による共和制が成立する。

フランス革命暦は、詩人ファーブル・デグランティーヌによって文学的な月名が考

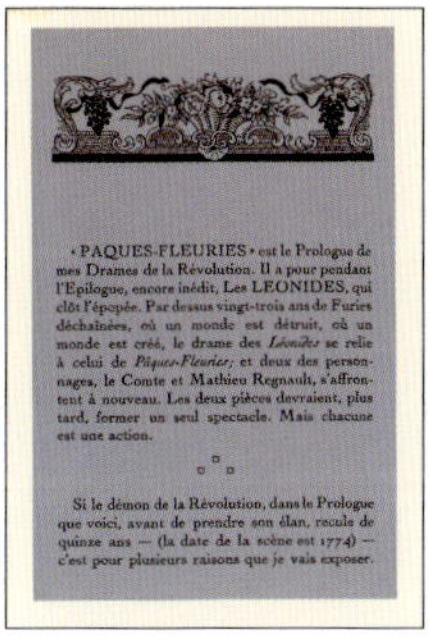
« PAQUES-FLEURIES » est le Prologue de mes Drames de la Révolution. Il a pour pendant l'Epilogue, encore inédit, Les LEONIDES, qui clôt l'épopée. Par dessus vingt-trois ans de Furies déchaînées, où un monde est détruit, où un monde est créé, le drame des *Léonides* se relie à celui de *Pâques-Fleuries;* et deux des personnages, le Comte et Mathieu Regnault, s'affrontent à nouveau. Les deux pièces devraient, plus tard, former un seul spectacle. Mais chacune est une action.

Si le démon de la Révolution, dans le Prologue que voici, avant de prendre son élan, recule de quinze ans — (la date de la scène est 1774) — c'est pour plusieurs raisons que je vais exposer.

ロマン・ロラン全集10巻『フランス革命劇I』
「花の復活祭」収録／みすず書房刊
フランス革命劇のプロローグ

案された。春は-al, 夏は-idor, 秋は-aire, 冬は-ôse, と、三ヶ月ごとに脚韻を踏んでいる。しかし一ヶ月を三十日とするこの暦は不評だったようで、わずか十二年で廃止され、元のグレゴリオ暦に戻った。

「春」Germinal　ジェルミナル（芽月）
「春」Floréal　フロレアル（花月）
「春」Prairial　プレリアル（牧草月）
「夏」Messidor　メスィドール（収穫月）
「夏」Thermidor　テルミドール（熱月）
「夏」Fructidor　フリュクティドール（果実月）
「秋」Vendémiaire　ヴァンデミエール（葡萄月）
「秋」Brumaire　ブリュメール（霧月）
「秋」Frimaire　フリメール（霜月）
「冬」Nivôse　ニヴォーズ（雪月）
「冬」Pluviôse　プリュヴィオーズ（雨月）
「冬」Ventôse　ヴァントーズ（風月）

やがて、革命政府の中にも内紛が相次ぎ、ダントンの処刑、ジャコバン派ロベスピエールの恐怖政治とテルミドールのクーデターによる処刑のあと、総裁政府が樹立された。しかし、一七九九年ブリュメール十八日、ナポレオン・ボナパルトの総裁政府

『獅子座の流星群』
片山敏彦訳／岩波文庫
革命劇のエピローグ

の打倒によって革命は終焉を迎えた。

『獅子座の流星群』は、『花の復活祭』から二十三年後の一七九七年の秋、場所はスイスのソリエル。かつての革命の闘士、もとジャコバン党(革命左派)員で弁護士のルニョーと、支配階級だった公爵(もと伯爵)が亡命先のソリエルで再会する。ルニョーの娘マノンは、実は士爵ド・ツリーと園丁ユシェットとの子で、ユシェットと結婚したルニョーが育てながらも、王家クルトネの血が混じっている。公爵の息子の伯爵は、昔老いたジャン・ジャック・ルソーの手を引いていた幼い子爵ルネである。伯爵とマノンは、たちまちにして惹かれ合う。

亡きユシェットとルニョーの間には、病弱な息子ジャン・ジャックがいる。ルソーの名をもらったこの少年は聡明で、父と公爵が今も持ち合っている確執を、春の水のように溶かしてしまう。両者を和解させてこと切れる少年ジャン・ジャックの姿に、平和主義者ロランの崇高な魂をみるような思いがする。

この時、舞台の円屋根いっぱいに、流星が束になって拡がり、点火され氾濫する。天空に星が流れる。獅子座の流星群である。

マノン　火の雨が降る！

公　爵　獅子座の流星群だ！……十一月という天の花火師が、手にいっぱい金の殻粒《つぶ》をつかんで夜の中に投げる。……そうだ。あれは一星座の破片だ。破壊された一世界——獅子座の勇ましい塵だ。

ルニョー　亡命を。

公　爵　いや、征服を。古いフランスと新しいフランスとは互いに支持し合って世界中に種を撒きに行く。

ロランには『ピエールとリュース』という忘れがたい小品がある。第一次世界大戦下のパリ。ドイツ軍の空爆を受けているさなかに、二人の男女が地下鉄の駅で出会う。これを第二次大戦に置き換えて映画化したのが、一九五〇年の今井正監督の「また逢う日まで」。出征前夜の岡田英次を新橋駅で待つ画学生久我美子の初々しさ。そこへ空襲警報のサイレンが聴こえてくる……。一九九二年の毎日新聞連載の「戦後映画史・外伝」によると、折しも東宝労働争議の真只中。この映画の製作関係者全員が、レッドパージで解雇されたという。

霜葉は二月の花よりも紅なり

晩唐の詩人杜牧の作品に「山行」という七言絶句がある。斜・家・花が韻を踏んでいる。

遠上寒山石径斜
白雲生処有人家
停車坐愛楓林晩

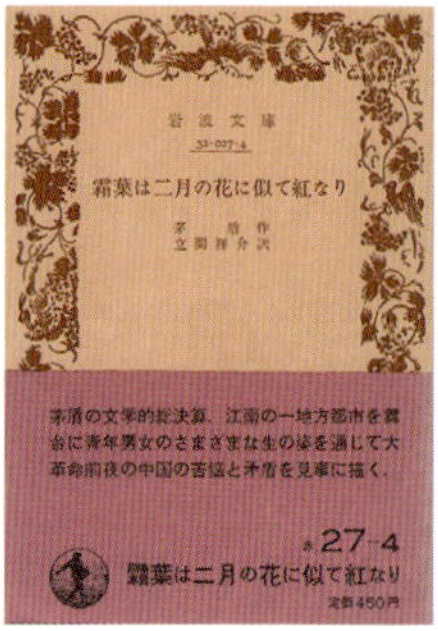

『霜葉は二月の花に似て紅なり』
立間祥介訳／岩波文庫

霜葉紅於二月花

遠く寒山に上れば　石径斜めなり
白雲生ずる処　人家あり
車を停《とど》めて坐《すず》ろに愛す　楓林《ふうりん》の晩《くれ》
霜葉は二月の花よりも紅なり

二月の花とは中国では桃の花のことだが、霜を置いたあざやかな楓の葉は、皆がほめそやす春の桃の花よりも紅い、と目の醒めるような絵画的な表現で詩っている。杜牧は中央のエリート官僚だったが、弟の眼疾のため、収入のよい地方官僚を志願した。人家も遠い田舎の侘び住まい。車とは、輿《こし》ではなく、手押し車のようなものである。

茅盾《ぼうじゅん》の小説『霜葉は二月の花に似て紅なり』は、この杜牧の七言絶句を念頭に置き、二月の花を挫折を知らぬ若者に、霜葉を不遇に終わった詩人になぞらえたものという。さらに「紅」に政治的な意味を持たせている。一見真の革命家のごとくふるまっていた小資産階級の青年たちは、反革命の嵐にあって変節し、反動化したが、やがて枯れた紅葉のように散り落ちる運命にあった。「春の本物の赤い花よりも赤くさえあるが、似て非なるものである」

当初の構想は、五・四文化革命から「大革命期」を経て、毛沢東から一九二七年の蒋介石のクーデターに至る前後十年の激動期を扱う予定だったが、序章で終わってしまった。茅盾は魯迅と並ぶリアリズム作家。革命と反革命の双方の矛盾を見てしまい、

佐藤春夫『星』
コピーを綴じてタイトルを
刻印で浮き出した函入の本
187×126㎜

追われていたので筆名を使わざるを得ず、「矛盾」をそのまま使おうとしたが、いかにもペンネームと思った編集者が、「矛」を「茅」に変えたという。

江南地方の小資産階級の息子で、優しく生真面目な銭良材《チェンリャンツァイ》は、汽船による農地沿岸の被害の報告を受け、小作農のために奔走するが、それが必ずしも農民の賛同を得ていないことを知る。慈善会の積立金の使い込みや町の分限者たちのふるまいなど、世俗のみにくさに嫌というほど直面して、繊細な良材は苦悩する。

自分がお膳立てをした義妹婉卿《ワンチン》が田舎の幼女を養子にする祝宴にも遅れてしまう。婉卿の夫黄和光《ホワンホーコワン》はアヘンに溺れ、断ち切ることができない。婉卿の弟張恂如《チャンシュンルー》と三人が宴のあとにひとつ部屋に集まったとき、善と悪について、酩酊した良材は叫ぶ。

「是非善悪の区別などなく、悪人が永遠に栄えて、善人は永遠になにもすることができない、というのか。世界は次第に悪人ばかりになって、ついには善人は根絶やしになってしまう、というのか」

和光は言う。「ぼくは思うんだが、世のなかには、善人でもないし、悪人でもない、あるいは善人でもあるし悪人でもあるといった人間が多すぎるのではないか、だから悪人をはびこらせることになるのではないか」

良材は笑い出し、「ひとりの人間が、どうして善人であったり悪人であったりできるのだ。善悪の区別がつかないからだろうか。(中略)またもし、善悪の区別がつかないのだとしたら、どうして人は、善だの悪だのということができるのだろうか。そういえるなら、なぜ、善ができないのか」そして、「ぼくは心から善人になりたいと思っているのだが、時には、なんと悪い奴だといやになってしまうときがある」彼は絶望

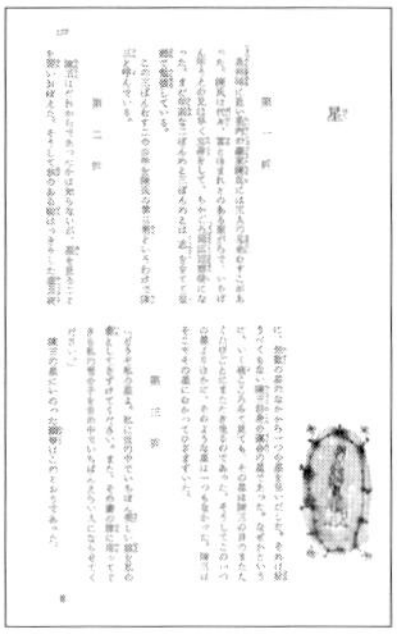

現代日本文学全集／佐藤春夫名作集より
「星」絵＝遠藤てるよ
偕成社刊

的な笑いを浮かべて、「一人の人間が、心から自分を忘れたい、癖も、身分も、世間ていも、きれいさっぱり忘れたいと思っても、なかなかできないことかもしれないな」

このことばに恂如と和光はともに胸を衝かれ、いいあわせたように溜息をついた。しかし、ふたりの受けとりかたは、必ずしも同じではなかった。……

善も悪も、一皮剥けば同じで、白木の素地にペインティングした独楽《こま》のように、仕上げの色がちがうだけかもしれない。個々の価値観によって簡単にすり替わってしまうものである。中身が何かを見抜く眼を持たねばならないだろう。

世界中のいたるところに矛盾があり、どこにも賢明な選択肢を見いだせない置き去りの民はゆきくれてしまう。既存の見解にくみしない場合も多くある。真実はひとつではなく、そもそもどこにも存在しないのかもしれない。自身の思念が確立したときにも、他に価値観を押し付けたり、別の価値観を排斥してはならないだろう。長期にわたる支配や、既得権益の温存、不都合なことの隠蔽もよいことではない。国民のレベル以上の為政者は持てないという。ひとりひとりが社会のかけがえのない一員だという意識を高めていくことはとても大切だ。小さな一枚の葉も、積もれば大きな炎を燃やすことができる。

佐藤春夫は、中国を舞台にした「星」という、「第一折」「第二折」と、たたみこむように語られる短い寓話を残している。将来の自分に美しい妻と賢い子どもを、と星に願事《ねぎごと》をした陳三《ちんさん》と、地上の眼でいちばん美しい五娘《ごじょう》と、天の眼でいちばん美しい益春《えきしゅん》という二人の対照的な娘の話である。情熱的ではなやかに美しく、地上で人の眼を奪う娘がいても、天の眼は心の美しさを見抜いているというちょっと訓話的な話だ。解説の吉田精一は、「金メッキのような作家が多いなかにあって、佐藤春夫は純金の作家」と結んでいる。

人の肉体は「過ぎゆく器」なのだから、あらずもがなの数々を顕示するより、個々に内奥に宿る精神を、静かにゆるやかに醗酵させ、矜持を持ってみがいていけばよいのだと思う。

香山滋とウンゲウェーゼン（在るべからざるもの）

香山滋が一九七一（昭和四十六）年に書いた「ガブラ――海は狂っている」という小説がある。三浦市に近い太平洋岸の漁村、八幡浜。浜の漁師の兄弟が、海洋学研究所所長で学者の塚本博士の高台の邸宅を訪れる。手にした写真は、彼らが沖合で撮ったエベス（ジンベエザメ）だったが、常ならぬ恐ろしい姿をしていた。エベスは、二人の眼前で、見悶えるように変身したという。同じ頃、七つの目を持ったトゲだらけの異形のプランクトンを、博士の弟子の花田が顕微鏡で発見する。花田は塚本博士の娘洋子のフィアンセである。折しもカリフォルニアから帰国した洋子が、ピアノリサイタル中に、突然激しいめまいに襲われて倒れる。敏感な彼女がめまいを覚える時は、必ずどこかで原水爆実験が行なわれていた。

八幡浜に続く海が放射能で汚染され、プルトニウムとストロンチウムでエベスがおぞましく変形し、放射光を発する巨大なガブラとなった三尾と塚本博士一行とのすさ

香山滋『妖蝶記』
「ガブラ」所収／現代教養文庫

まじい闘い。死闘の末にガブラは退治したが、ウンゲヴェーゼン（在るべからざるもの）は次々とまた出現するだろう。敵はガブラではなく、すべての核保有国なのだ。

「海は、世界のものだ。われら人類のふるさとだ。そのふるさとを狂うがままに狂わせてしまってはならん。二十一世紀に生き継ぐためにも、わしは立たねばならん」と博士は叫ぶ。

人類は、地球の四分の三を占める海から陸に上がって進化した。このときの設定は、「どこかの国の核実験」だったのに、二十一世紀を生き継いだ人類によって、われとわがふるさとの風土と原初の海を汚染されるとは！　七〇年代の終りにこれを読んだとき、私は戦慄したが、三十年を経てそれが現実になろうとは。

香山滋は、一九四七（昭和二十二）年「オラン・ペンデクの復讐」で、華々しくデヴューした。映画「ゴジラ」の原作者としてのほうが知られていたが、反文明、反原発の立場を貫いた人で、この小説が遺作となった。

人の不幸が大好きな妖精が、富豪の実業家夫妻の家の小間使いとなり、亡くなった娘ユリのように振舞って夫人の心を掴むのに成功したが、結局はしてやられてしまう「キキモラ」、単眼の古代の蝶パピが現代の女性の姿になって、ＤＮＡの存続を賭けて古代生物学者を惑わす「妖蝶記」、熱帯の花の咲き乱れる一万坪のプールで泳ぐ美少女真耶と、姉を慕うその異母弟五美雄《ごびお》、妻の不義の子真耶を引き取った義父が、昏い復讐の情念を燃やす「海鰻荘《かいまんそう》奇談」などの極彩色の妖美艶麗な作品も忘れられない。

ギリシャ神話のパンドラが、誘惑に負けて開けてはならぬ禁断の匣を開けたとたん、ありとあらゆる邪悪なものがこの世にあふれだした。パンドラがあわてて蓋を閉めたとき、たったひとつ残されたのが「希望」だった。筐底《きょうてい》深く潜んでいる「希望」は、その諦念を知らぬちからで、私たちに何をもたらしてくれるのだろうか？

本郷三丁目と「カミーユとマドレーヌの愛の物語」

本郷も「かねやす」までは江戸のうち、というその「かねやす」の数軒となり、本郷三丁目の駅の近くに洋品店「カミーユとマドレーヌ」がある。

十数年前、仕事帰りに間口の狭いその店に入ってみようと思ったのは、「カミーユとマドレーヌ」が、フランスのセギュール夫人の物語『ちっちゃな淑女たち』の主人公

『ちっちゃな淑女たち』セギュール夫人
平岡瑤子他訳／小学館刊

池田浩彰の装丁・装画は
気品と気迫にあふれていた

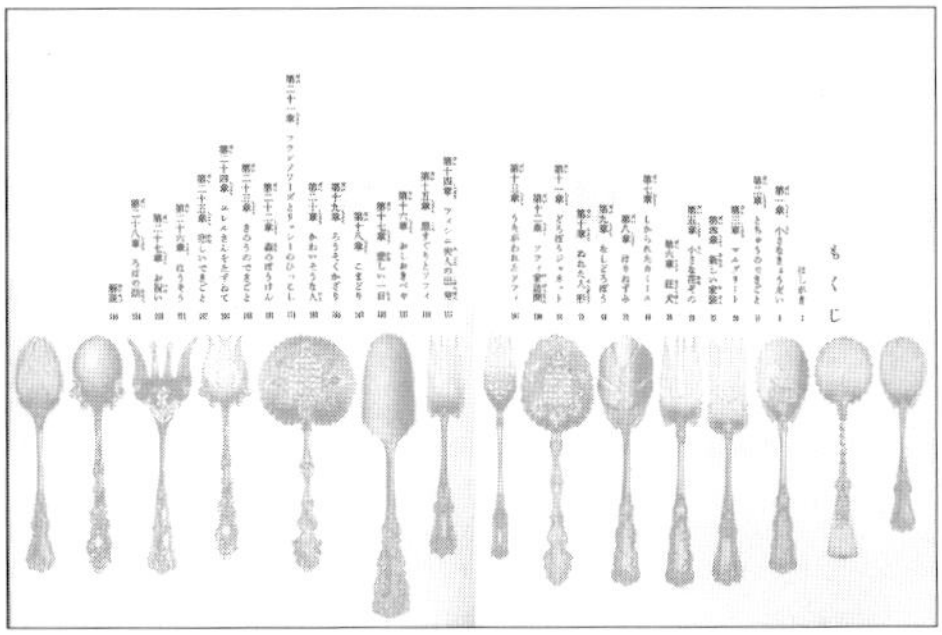

スプーンの描かれた目次

の幼い姉妹の名前だったからである。サブタイトルが「カミーユとマドレーヌの愛の物語」。

少女ではない従業員のメイド服に、当初はなかなかに違和感があった。当時はまだメイド喫茶などなかったので、メイド服というより、エプロン付きドレスといった感じ。セギュール夫人の過ごしたヴィクトリア朝時代には、裕福な家庭の子女は、皆同じような格好をしていた。ケイト・グリーナウェイの絵本にもそんな格好の少女がよく登場する。オーナーが『ちっちゃな淑女たち』が大好きだからということを知ってからは、親近感こそあれ、ほとんど抵抗がなくなってしまった。

セギュール夫人作／平岡瑶子・松原文子訳／三島由紀夫推薦の帯と序文の付いたその本は、大判のA４判に堅牢な函付きの厚くて立派な本だった。しかも毎頁のようにカラーの美しい挿絵が入っていた。内容は、童話というよりも、上流階級の子女のための「マナーと言葉使いの躾読本」のようなものだった。池田裕彰の装画と挿絵は、おそらく彼の仕事のなかでも渾身の作であり、構図も斬新で最高峰といってもいいほどの、気迫に満ちてエレガントなものだった。

セギュール夫人は、鹿と王女の物語『リラの森』の作者として記憶していたが、『リラの森』のようなフィクションではなく、幼い孫娘のカミーユとマドレーヌのために、彼女たちの日常そのものを、あたたかい目を持って書いたのである。

平岡瑶子の夫君であった三島由紀夫の序文には、こう書かれている。

『ちっちゃな淑女たち』には、美しい言葉、美しい心、美しい行為とは何かということが絶えず問われています。そのむかしのフランスで美しかった言葉、美しかった心、美しかった行為が、今の日本でそのまま美しいとは限りません。けれども、ある形に結晶し完成された生活や道徳は、その安定した美しさで、別の美しさを誘い出します。一つの美しさは別の美しさと照応し、一つの美しさによって別の美しさが誘い出される。これが美の法則でもあり、道徳の法則でもあります。

いま書き写してみると、「美しさ」満載で重複も多く、三島の練達の文章とはほど遠いように思えてくる。発行日は、一九七〇(昭和四十五)年七月二十日、その四ヶ月後の十一月二十五日に、彼は自衛隊市ヶ谷駐屯地で自決している。決起を前に気もそぞろで、文章を練っている余裕などなかったのだろうか。

マイクもなく、駐屯地のバルコニーで絶叫した憲法改正の演説を、昼休みの自衛官たちはまったく聞いていなかったばかりでなく、野次さえ飛ぶ始末だった。のちに野上弥生子は「三島さんに、マイクを差し上げたかった」と語ったという。

ともあれ、この本は絵もレイアウトも装丁も美しい。本文に毎頁小さく入っているシルエットは、章ごとに違う絵に変わっていく。目次のスプーンとフォークも洒落ている。長く愛蔵するにふさわしい一冊である。

本郷にはめっきり足が遠のいてしまったが、赤門の中に勤務している友人に会いに行くときには、本郷三丁目交差点の和菓子の三原堂と、「カミーユとマドレーヌ」に寄って帰るのが習わしになっている。二〇一四年のゴールデンウィークの神保町での展示に、三原堂の上生菓子を含むミニチュアブック『WAGASHI』を飾った。三原堂の社長さんがお見えになったのに、折悪しく不在で、お目にかかるのは叶わなかった。しかしまた本郷三丁目に行くときは、季節の上生菓子を買って、「カミーユとマドレーヌ」を覗いて見るだろう。

李陸史『青ぶどう』と尹東柱『星うたう詩人』

韓国の詩人李陸史《イユクサ》の『青ぶどう』から、表題作を抜き出してみる。

わが里村の七月《ふみづき》は
青ぶどうの色づく季節

この里の伝説がたわたわ実り
遠くの空が夢見ようと粒つぶに溶けこみ

空の下まっさおな海が胸をひらき
白帆の船がのどやかにたゆたいくれば

わが待ちびとはやつれはてた身に
チョンポを着て訪れるというから

イユクサ詩文集『青ぶどう』
伊吹郷訳／筑摩書房刊

客びとを迎え　このぶどうをつまんで食べるなら
両の手がしっとりと濡れようとも厭うまい

子よ　われらの食卓には銀の盆に
白モシの手ふきを揃えておおき

（青ぶどう）

この詩が日本や欧米の詩と決定的に違うのは、詩人イユクサが抗日独立運動の志士であり、美しい抒情のそここに抵抗詩として多くの暗喩を含んでいるということである。彼は抵抗を貫き、祖国の植民地からの解放を求め、終戦の前年に、北京で日本官憲の拷問によって獄死している。「わが待ちびと」とは、悲願の「解放」であり、ほかの詩篇に見られる雪舞う「曠野」は、主権を奪われている祖国の姿である。降りしきる雪は、民族に対する強圧である。

実弟によると、四十年に亘って亡命と投獄と放浪にあけくれた詩人が大邱《テグ》刑務所にいた時、囚人番号二六四（イーユクサ）を朝夕刑吏に呼ばれるので、これをペンネームにしたという。イユクサは、一九〇四年生まれ。一九四四年一月に、解放を待たずして獄死した。

一方、尹東柱《ユンドンジュ》は、一九一七年生まれ。日本へ渡って立教大学に学び、京都へ行って同志社大学へ転入する。母国語で詩を書いていたドンジュは、治安維持法違反の嫌疑をかけられて鴨川署に拘束、福岡刑務所に収監される。終戦の半年前、その地で毎日

『星うたう詩人』三五館刊
この本の装丁で
初めて尹東柱を知った

得体の知れぬ注射を打たれ、二十七歳で絶命している。彼はクリスチャンだったが、革命の志士ではなかった。韓国語を勉強していた茨木のり子が、「二十代でなければ絶対に書けないその清冽な詩風」と書いているように、詩は若さと美しさに充ち満ちている。「韓国の立原道造」と称されているのもうなずける。

死ぬ日まで空を仰ぎ
一点の恥辱《はじ》なきことを、
葉あいにそよぐ風にも
私は心痛んだ。
星をうたう心で
生きとし生けるものをいとおしまねば
そしてわたしに与えられた道を
歩みゆかねば。

今宵も星が風に吹きさらされる。

（序詩）

私は、先に『青ぶどう』を読み、伊吹郷の訳詩が抒情的な上に品格があり、音読しても滑らかだったので、それは日本語の構成に負うところが多いと思った。金素雲訳編の岩波文庫の『朝鮮詩集』に李陸史の詩は二編収録されているが、やはり伊吹訳の方がリズムが美しかった。尹東柱の『星うたう詩人』（三五館／一九九七年）は、装丁の仕事と

『空と風と星と詩』
影書房刊

して手がけたものだが、その時はじめて尹東柱の名を知った。文中に、伊吹訳と詩碑建立委員会訳が混在していて、当時はあまり気に留めなかったが、のちに『空と風と星と詩』（二〇〇六年三刷）の巻末で、伊吹訳が誤訳であるとの指摘に、伊吹氏が反論を述べているのを読んだ。訳詩は、直訳がよいとは限らず、リズムや全体の調和、何よりも日本語が最も大切で、訳語を重視しなくては、つまらない散文になってしまう。完成度と格調からいっても、伊吹訳の右に出るものはないと思った。

ポール・ヴェルレーヌの「Il pleure dans mon coeur」の訳は、堀口大学のタイトルは「巷に雨の降るごとく」、鈴木信太郎は「都に雨の降るごとく」。第一連の言い廻しは堀口訳、第二連の響きは、鈴木訳が優れていると思う。

巷に雨の降るごとく
われの心に涙ふる。
かくも心ににじみ入る
このかなしみは何ならん？

（堀口訳）

大地に屋根に降りしきる
雨のひびきのしめやかさ。
うらさびわたる心には
おお　雨の音　雨の歌。

（鈴木訳）

不遜にも二つを連結してしまったが、訳詩は、多少意訳をしても、日本語の美しさのほうが重要である。

大日本帝国の支配下におかれ、創氏改名を強いられ、母国語を使うことを禁じられ、弾圧され獄死した二人の詩人。日本人は、自国の被害は声高に言い、後世にも伝えているが、近隣の他国への加害の歴史はきちんと語り継いでいない。あったことをなかったことにしたい恥多き人たちを、これ以上増やしてはならない。

芥川賞辞退の高木卓と『むらさき物語』

「紫匂う王朝の愛の夢！　高木卓は、芥川賞を受けとらなかったただ一人の人である」と帯と袖に書いてあったら、もうその本は買わずにはいられない。

大伴家持を描いた「歌と門の楯」で、太宰治が欲しくてたまらなかった芥川賞を、一九四〇年上半期（昭和十五年／第十一回）に受賞したものの、高木卓は、みずから辞退した。菊池寛は「それなら発表しなければいい」と不快だったそうだ。同時候補に上がっていた同人誌「作家精神」の先輩に譲ったとも言われているが、二日間考慮して、というその二日間の逡巡と葛藤、心理の推移の方にむしろ興味がある。先輩櫻田常久は翌十二回に受賞し、前回の経緯を公表したが、本人が沈黙しているので、真相はあきらかではない。

第三十四回、あっさりと在学中に賞を手にした者もいる。選考委員のひとり、佐藤

高木卓『むらさき物語』雲井書店刊
何ともレトロな装丁とシンプルな帯

春夫は優れた詩人だった。その彼が否、と言ったならその言葉の方を尊重したい。賛成派の舟橋聖一と、新聞紙上で激しい応酬が続いたが、皮肉にもそれが若者の名を知らしめることになってしまった。このときの、佐藤春夫の舟橋聖一に対する敗北は、歴史的な屈服であると思う。十人の選考委員のなかで、この小説をほめているものは誰もいない。そのかつての若者は、ある権力を持って実に長いあいだ庶民の上に君臨していた。受賞するほどの作品であったかどうかはともかく、佐藤春夫と舟橋聖一のどちらの作品がいま残っているかを考えれば、ひとつの指針になるかもしれない。

高木卓は、幸田露伴の妹のヴァイオリニスト安藤幸の息子で、歴史小説を多く書いている。菊池寛の不興をかってか、芥川賞辞退ののちは不遇で、無冠だった。東大のドイツ語の教師をしながら、小説を書き続けた。『平安朝物語』(五月書房刊)、『むらさき物語』(雲井書店刊)は、シェイクスピアの『十二夜』や『お気に召すまま』、ゴーティエの『モーパン嬢』、平安朝後期の『とりかへばや物語』『有明の別れ』、手塚治虫の『リボンの騎士』の系列の甘美な作品。

『とりかへばや物語』の女の子はりりしく活発で男装を好み、男の子はなよやかで、室内に居て女装を好んだ。父権大納言は、「とりかへばや(取り替えたい)」と嘆いた。歌舞伎と宝塚がミックスしたような世界である。この物語を下敷きに、高木卓は、もっとメンタリーに、もっとドラマティックに「新とりかへばや」を書いた。『平安朝物語』は、二人の幼少から二十歳まで、『むらさき物語』がその続編となる。

兄三条公美《きんよし》は男装の美少女、妹玲子《きよらけいこ》は女装の美少年。倒錯した世界を描いてなお高雅であるためには、女装の妹玲子は脇役にして、男装の兄公美を主人公にしなくては

マッチ函入
『月夜と笛の音』
56×48㎜

ならない。女性でありながら、公達に立ち混じって何もかも優れている公美は、御簾《みす》の内の女官たちの憧れの的である。

蹴鞠《けまり》試合の衝突で、主上（今上帝）と肌が触れあってから、次第に思慕が募り、二十歳が近づくにつれて、公美は玲子と「替わりたい」と思うようになる。妻章子《あきらけいこ》とは当然ながら名ばかりの夫婦で、子供二人の実父は、友卿嵯峨大将である。彼はいくさで敵矢を受けた公美の昏倒時にその秘密を知ってしまい、以来執拗に言い寄ってくる。一方、帝の姉の先帝に仕えている玲子も、いつのまにかあやしい成行きになっている。

公美は中納言から大納言に昇進し、玲子は加階によって従二位となり、将来の中宮の地位が約束されている。女装の妹が入内することはありえない。内親王を産んだ従姉妹たちも入内しており、決して薔薇色の道ではないが、公美が本来の姿に戻る時を予感させて物語は終わる。男装の麗人が女性に移行するのはたやすいが、その逆の玲子は、宮廷が貴族の階級社会であり野望の舞台であった時代では、単に衣装の交換だけに留まらず、内面と意識の転換という至難を克服しなければならないだろう。

有職故実の知識に精通した、服飾描写の数々。銀繍を施した礼服や、直衣《のうし》、狩衣《かりぎぬ》、水干《すいかん》、指貫《さしぬき》、布地の文様の立涌紋《たてわくもん》、浮線陵《ふせんりょう》、臥蝶《ふせちょう》、花菱七宝紋《はなびししっぽうもん》、色は二藍《ふたあい》、萌黄《もえぎ》、縹《はなだ》、蘇芳《すおう》……。表と裏の布地の色と透け感を愉しむ「重ねの色目」、「匂（におい）」と呼ばれる同系色のグラデーションや季節の取りあわせを演出する「襲《かさね》の色目」、その意匠、素材、コーディネートのあでやかさ。本文紙に活版の圧が食いこんだモノクロの紙面から、華麗な世界と絢爛の色彩が匂い立つ。

女性の正装の十二単（小袖、長袴、単、打衣、五衣、表着、唐衣、裳）の着付のプロセスは、一度見学したことがあった。もちろん日常着ではないが、あれほどに衣を重ね、夜は函に入れる重い黒髪を持っていたら、女性は室内で膝移動するしかないだろう。『源氏物語』の中で浮舟がいちばん好きなのは、絵巻の顔が愛らしく、この長大な物語でただひとり、自分の足で邸から遁走した姫君だからである。

桜、柳、楓、松を、四隅に植えたかかり場（球場）で、鹿革を縫い合わせた鞠を蹴りあげる下鴨神社の蹴鞠、流水のほとりで笹舟の流れ着くまでに歌を詠む城南宮《じょうなんぐう》の曲水宴《きょくすいのうたげ》も、詩と古典に惑溺していた時期に観に行った。自分で王朝物語の掌編を書き、マッチ函に入れた本を作っていた頃だ。

鴨沓《かもぐつ》の甲でポンと音高く蹴りあげられた軽い鞠は、縦長のやわらかい放物線を描いて、ゆるやかに回転しながら紙風船のように落ちてくる。時差を経て戻ってきた鞠のように、むかし勉強した服飾や色彩や文様が、この本を再読することで、明眸《めいほう》うるわしい男装の若公卿の姿になって、ふたたび妖しく艶麗に立ちかえってくる。若い日の脳が柔軟に吸収した読書の記憶。二度惚れをして、この本の選択に間違いがなかったことを知る。

三島由紀夫から佐々悌子への手紙

三島が市谷自衛隊駐屯地で自決してから四年後の一九七四（昭和四十九）年から七五年にかけて、「週刊朝日」に連載された「三島由紀夫の手紙」という手記がある。元参議院

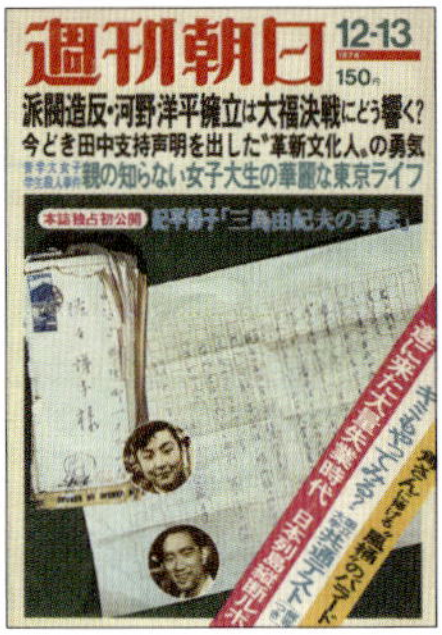

当時兄が買っていた「週刊朝日」
この連載は深く胸に沁み入り
切取って保存していた

議員紀平悌子さんの若き日の回想録である。この連載は、三島からの手紙というだけでなく、学生時代の悌子さんが、私にとってかがやくばかりに魅力的だったために、いまもって脳裏に灼きついている。それほどに強烈な感銘を受けたのである。政治の世界に身を置いていたがゆえに、謂れのない中傷を受けて単行本にならなかった「幻の手記」とも言える。

平岡公威《きみたけ》（三島の本名）の妹美津子と彼女（旧姓佐々）は、聖心女子学院の同級生で、親友だった。敗戦後の昭和二十年、疎開先から戻った彼女が松濤の平岡家を訪ねると、すでに美津子は腸チフスで他界していた。東大法学部在学中で新進作家だった三島をはじめて間近に見た彼女を、彼は渋谷の駅まで送ってくれ、この日から二人はたびたび会うようになる。

歴史観、人生観、文明論、演劇、哲学、政治、芸術論、二人は時を忘れて語り合ったが、それは普通の若い男女の会話とはほど遠かった。女としての印象を与えることを極度に嫌っていた彼女は、わざとぶっきらぼうな言葉を使い、始終議論をふっかけた。しかし彼は「テコちゃん、いくら男言葉を使おうと、君は客観的に見て、十分ゴージャスなお嬢さんだよ」「ネコのお色気は男にしかわからない。君はまさしくネコですね」と言う。手紙の中でも「今まで凡そ君のように聡明で溌溂とした魂を持った女性を僕は知りません」と書いている。彼女は、当時の三島と互角に話すことのできたごくごく数少ない少女のうちの一人だったのではないだろうか。

「愛すれば愛するほど、肉体から離れたい。ピアニストのような手でもロシア人の喜びそうな黒いヒトミでもない、公威さんの『知性』だけが私の愛の対象なのである。」と

本誌独占初公開

連載第1回

紀平悌子

『三島由紀夫の手紙』

出会い― 戦後の荒廃の中で

全18回の連載の
第1回の記事

彼女は日記に書いている。「愛には絶対というものがない。愛の言葉はいつか消える。その瞬間が終われば頂点から下るだけだ。その下り坂が怖い。」彼女の欲しかったのは、北条誠の小説的愛の仕草ではなく、しっかりとその手に掴むことのできるもの、「知的な言葉」「知識」「胸を打つ哲学」だった。極限状態の瞬時の手の触れ合いに濃密な火花を散らす「地下運動の恋」の方に憧れていた。彼女は三島に兄のような愛情を持っていたが、彼がその恋愛観を理解していたのかどうかは判らない。

「目をじっと見つめて話すのは欧米式で僕は嫌いだ。女性は伏目がちで上品な言葉使いをするものですよ」と言っているように、根本的に保守的な女性観の持主である。

一人娘の完璧なレディー教育に情熱を傾ける父親を描いた「女神」という短編がある。「女の注文すべきお酒は、第一にリキュールやワインやキュラソーや甘いカクテルでなければならぬこと。第二に、その日着ている洋服に合ったもの(色)でなければならぬこと」など、「〜でなければならぬ」が列挙されている。この教義は、そのまま三島の女性観に重なっているのではないか。物語は、その娘の心が忌むべき風来坊に奪われてしまうという皮肉な結末だった。しかしその古典的な彼の目にも、彼女の小気味のよい現代性と激しい生命力は、素晴らしく新鮮に、また時に息苦しくひどくパセティックに映ったのに違いない。

彼女が一九四八(昭和二十三)年の正月に平岡家に和服で年始に訪れたとき、帰り際の応接間で、彼があとから「悪かった」と詫びているある出来事に遭遇している。いや、切り抜けたとでもいうべきだろうか。彼の方は、「一生忘れることの出来ない霧の夜の思い出」「あの時、君はきれいで、きれいで、霧の中の牡丹のように見えた」と書いているが、彼女にはそこまでの余韻はなかったようだ。ここにも、二人の愛の認識の相違が見える。

そしてもうひとつ、彼女には父佐々弘雄という大きな存在があった。先祖は戦国時代の武将佐々成政、弘雄は美濃部達吉と吉野作造の薫陶を受けた俊英の政治学者で、九州大学で教鞭を執っていたが、折からのパージで解職され上京、政治評論家、朝日新聞論説委員、参議院議員とあらゆる角度から日本の政治を考え、子供達を前に、食卓で時事解説をする進歩的思想の持主だった。しかし家庭では、妻に遊芸を禁じ家長制度を守る厳格な人であった。この父の姿が、反発をしながらもある時は理想の異性として彼女の前に厳然と立ちはだかるのだった。

同年の十月に父が五十一歳で急死、葬儀の日、三島は黒い背広で現れて、その二日後に手紙が届いた。「気晴らしに君の行きたい所、どこへでも行きましょう。しかし、ニューヨークと言われても困ります」とユーモラスに結んであった。学費を稼ぐために、彼女は倉庫番をしたり、道玄坂にヤキトリの屋台を出そうとしたりする。結局は失敗に終わるのだが、このパワーと行動力には圧倒されてしまう。はじめから反対していた三島は、旅先から「失敗おめでとう」の絵葉書を送っている。

三島が歌舞伎に傾倒していた頃、彼女は新劇に熱中し、女優を志していた。三島は「君は女優にはなれない。本当のことを表現しすぎるから」「作家にもなれない。本当のことを書きすぎるから」「なれるのは政治家だよ」と言った。自身の将来については「僕は世間の人が驚くようなことをするよ。奇人変人扱いされるかもしれないが、その時の僕を信じていてほしいんだ」と予言めいたことを言っているが、さすがの彼女

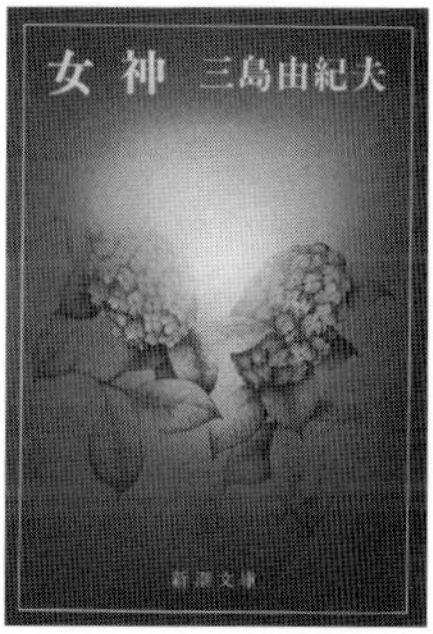

『女神』新潮文庫

も、「公威さんたら、またデモーニッシュぶりを発揮して」くらいにしか思わなかったようだ。

　三島は彼女に宛てた手紙の中で、また会話の中で、いくつもの言葉を贈ってくれた。そのひとつに、岡本かの子の「丹花《たんか》を口に銜《ふく》みて巷を行けば、畢竟《ひっきょう》、惧《おそ》れはあらじ」という言葉がある。これはまた何とゴージャスな言葉だろう。その牡丹の花は、白でもなくピンクでもない、まさしく緋牡丹でなければならぬ、と私は思った。そして、それを口に銜んだ女人の着物は、黒と丁子茶のきりりとした太い縞御召ではないか、惧れを知らぬ彼女の歩く黄昏の街の情景までもが目に浮かぶのだった。

　また、「私たちは人生を夢みる。夢みるからそれを愛するのだ。人生を生きようと思ってはいけない」と言うプルーストの美しい言葉。そして、「自分一人の愛がないと同様、自分一人の悲しみもないことを信じなさい」「苦悩は人を殺さない。人を殺すのは唯『死』のみである」という三島自身の言葉。

　三島と同時代の青春を生き、彼から生きる指針ともなった言葉をもらった彼女は、何と幸福な人なのだろう。彼女にとって三島は、「人生を教えてくれた聡明な先輩」「冷静かつ厳しい教師」であったが、「幼年、少年、青年期の経験が、作家にとっての永遠の母体となるんだよ」と言っていた彼にとっても、彼女の存在はかけがえのない青年期の豊かにかぐわしい果実だったのではないか。

　彼と会わなくなって数年後、彼女は、「理想選挙」をかかげた市川房枝の初代秘書として、婦人運動に従事していた。仕事先の長野で三島の短編「雛の宿」を読んだ彼女は、そのヒロインの挿絵に、紛れもない自分の少女時代の面影を見たのだった。「愛している人や好きな人は絶対小説のモデルにしたくない」と言っていた三島だったが、ヒロインのキャラクターは、どうやら妹美津子と彼女、そしてもうひとりの友人の合成らしく思われた。少女の母は彼女の母に、雛の宿は彼女の家によく似ていた。童話めいたこの幻想小説は、確かに彼女の存在あってこそ生まれ、その数年の記憶を虚構とともに夢幻のなかで織り合わせ、一枚の小さな絵織物に仕立てたような趣がある。

晩年の三島と彼女とは、もうほとんど音信がなく、立場も世界もまったく正反対とも言えるものだった。彼は変わってしまったが、かつて彼が贈ってくれた数々の言葉は、変わることなく彼女の内奥に生き続けた。

私が感動したのは、彼女の勇気と行動力、知識欲、正義感、パッション、少女期ならではの潔癖さ、それらすべてとともに、その時代の青年たちの生きること、学ぶことへのひたむきさであった。戦後の貧しかった時代に、その精神のいかに自由で豊饒で生と死に対して真摯であったことか。それは、この手記を思いがけず手にして読んだ私自身も多感だった頃に、常に感じ絶えず索めていた、胸に迫るような憧れにも近い思いだった。

ジャック・プレヴェール『鳥の肖像を描くために』

ジャック・プレヴェール(一九〇〇〜一九七七)は、詩人としてだけでなく、童話、シナリオ、シャンソンの歌詞と幅広く活躍した。シャンソンの「枯葉」、映画のシナリオ

女流画家が
鳥籠を描いているところ
Doubleday & Company 刊

ではジャン・ギャバン、ミシェル・モルガン主演の「霧の波止場」（一九三八）、「悪魔が夜来る」（一九四二）、「天井桟敷の人々」（一九四五）、デヴューまもないアヌーク・エーメの「火の接吻」（一九四九）、アニメーション「やぶにらみの暴君」（一九五二）、「ノートルダムのせむし男」（一九五六）など多数ある。

そのプレヴェールの詩に、「鳥の肖像を描くために」というお洒落な一編があり、画家エルサ・エンリケスへの献辞が書かれている。エンリケスはメキシコの女流画家で、この詩はシャンソンとしても唄われたらしいが、彼女の展覧会に寄せて書かれたものである。プレヴェールにとっての鳥は、自由の象徴であった。

英語とフランス語併記の絵本（一九七一）を神田源喜堂で見つけたときは、嬉しくてすぐに購入した。

まず鳥籠をひとつ描くこと
ただし戸はあけておく
それから次に
何か綺麗な
何か美しい
何か役に立つ
鳥にそう見えるものを描く
さてカンヴァスを木に立てかける
庭でも

鳥が籠に入ってきたら
籠の棒を1本1本消して行く

林でも
森の中でもいい
その木のうしろに身をかくす
何も言わず
じっと動かず……
鳥はすぐ来ることもあるが
何年も何年もかけたあげくに
やっとその気になることもある
がっかりせずに
待つことさ
必要なら何年でも待つ
鳥がすぐさまやって来るか
ゆっくり来るかは
絵の出来ばえに関係ないんだ
いよいよ鳥がやって来たら
もし来たら
あくまでも息をひそめて
鳥が籠に入るまで待つ
入ったら
絵筆でそっと戸をしめる

それから
籠の棒を一本一本消して行く
鳥の羽根には絶対にさわらぬように気をつけて
さて次に木の肖像にとりかかる
枝もいちばん美しいのを選んでやるんだ
鳥のためにさ
さらに描き足す　緑の葉むら　さわやかな風
舞い散る日ざし
夏の暑さの中で草にひそむ虫の音など
そうして鳥が歌う気になるまで待つんだ
もし鳥が歌わなかったら
よくないしるし
絵がよくないしるしだが
歌ってくれればしめたもの
名をしるしてもいいしるし
そこであなたはそっと
鳥の羽根を一枚ぬいて
絵のすみっこにあなたの名前を書くというわけ。

（安藤元雄訳）

女流画家が、カンヴァスに戸の開いた鳥籠を描き、左側に綺麗な羽根と花とリボン

鳥が歌いはじめたら
鳥の羽根を1枚抜いてサインする

で飾られた吊るし籠を描く。そしてカンヴァスを木に立てかけて、鳥がおとずれるのを辛抱強く待つ。いよいよ鳥がやって来て、鳥籠に入ったら、絵筆で戸を閉め、籠の棒を一本ずつ消して行く。次に鳥の周囲に葉むらを描き、風を描き、陽ざしを描き、虫の音を描く。首尾よく鳥が歌いはじめたら、鳥の羽根を一枚ぬいて絵の右下にサインをする。Elsa Henriquezと。

中河与一『天の夕顔』と三つの灯り

少しもの寂しい会食のあとに、灯りのともった神田すずらん通りの外燈の下を通ったときのこと、後ろに長く延びていた二人の影が、その瞬間、くるりと前に裏返った。この情景の既視感は何だろう、と思いめぐらすと、旧い読書の記憶が浮かび上がった。中河与一の小説『天の夕顔』のなかには、印象深い三つの灯りの描写がある。第一章、最初の灯りは、主人公が想いを寄せている夫人を、夕刻、阪神電車の大石駅まで送る道のほとりの、ガス燈の人工の灯りである。

> ボーッとガス燈のともっている前へゆくたびに、後ろにあった二人の影が、急に早回りすると、それが急に前に倒れ、足もとから、真っ黒に延びて行ったのをハッキリ記憶しています。

『天の夕顔』新潮文庫

それは人生のターニングポイント、運命の転換期を象徴しているのではあるまいか、と若かった私は、まだ人生にどれほどの経験もなかったのに、読みながら考えたことを思い起こした。

だが、本を読み返してみると、それは、もう会わないと伝えにきた夫人を駅まで送ってゆく夕刻であり、物語のほんのはじまりの頃に出てくる場面だった。とすると、これはこれからの運命の予兆のようなものだったのかもしれない。

『天の夕顔』の主人公とこの世の細道を歩いていた和服の夫人は、たがいに、どれほど心と心で結ばれ、魂ふかく愛し合っていても、地上では決して得ることのできない、七歳年上の人妻であった。戦前の一九三八(昭和十三)年に発表されたその時代と今とでは、街の風景も、灯りも闇も、倫理観も、まったく違っていたことだろう。

はじめて出会った二十一歳の学生のときから、ほんの数えるほどの逢瀬と手紙の交換しかないのに、その思いの濃密さが、淡々とした筆致で描かれている。夫人の深遠で情熱を含んだ静かな強さ、低いアルトの声、与謝野晶子にロセッティの描く女を思わせた容貌が、主人公の心を捉え続けた。

ふたつめは、ある夕暮れ、薄暮のなかに浮かび上がった、それぞれに小さなランプシェードで装われたような白い夕顔の花を、夫人が若々しい指先でつと手折ったその場面。彼女がその花を摘み取ると、夕闇がにわかに濃くなっていった。夕顔は、今と違って本当の真闇があった時代に、花ひらくことでほのかにともる自然の灯りである。

「夕顔」といえば、『源氏物語』の第四帖。十七歳の光源氏が、乳母の見舞に行った五条大路のあたりを車のなかから見渡すと、近隣の家の軒に白い花が咲いている。従者に手折らせているとき、その家から出て来た愛らしい少女が、これにのせてさし上げてくださいと扇をさし開く。香が焚きしめられ、流麗な女文字の和歌が書かれている。

　心あてにそれかとぞ見る白露の光そへたる夕顔の花

偶々この世で源氏の君に出会い、荒れた別邸で逢引した夜に、源氏の年上の愛人の生霊が現れ、花の精のように暁を待たずにあえなく夭折してしまうヒロインの名前でもある。夕顔は、ゆうべに咲いて朝《あした》に凋む一夜花であるために、儚いイメージに彩られている。

三十歳を過ぎた頃、主人公は身辺整理をして一切を捨て、山に入り隠遁生活をする。そして、ストイックな思いを抱いたまま、知り合ってから二十余年の歳月が過ぎて、許された五年目の明日は会えるという日の前日に、手紙を残して夫人はみまかってしまうのだった。

傷心の主人公は、彼女に消息をしようと思い立つ。花火師とともに野原に出て、天の彼女に届けよとばかりに、夕顔を花火として空に打ち上げる三つめの灯り。花火は炸裂し、一瞬、空に大輪の花を咲かせた。そしてふたたび昏く鎮まったときに、主人公は、天国で彼女が夕顔の花を摘み取ったのだと思うのだった。花火は、地上から天へと贈る光の花束であり、灯りの手紙である。

「この狂熱の誤謬《ごびゅう》に似た生涯を、どうぞ笑って下さい」と主人公は自嘲気味に語るけれども、人生のすべてを棒に振ったように見えて、実は誰もあえてしない選択のゆえ

『お伽草子』
「朝顔の露の宮」所収／岩波文庫

に、崇高な経験をしたのではないか。そして、生涯を捧げる対象に、短い一生で出会えない人さえもいるのに、その人に会えたということだけでも、幸福なのではないか。

冒頭の現実の会食は、最後の会食であった。死が分かつ訣れではなかったが、この世で最後であれば、同じことかもしれなかった。その後もすずらん燈の下を通るたび、影が裏返り、前に延びてゆく幻影は、影がひとつになってしまっても、長く燈芯のように残って消えることがなかった。

「朝顔の露の宮」と消えし蜻蛉

かつての岩波文庫の一巻本の『お伽草子』には、現在の上下巻に収録されていない何編かの作品があった。「朝顔の露の宮」は、『落窪物語』に連なる継子物語のひとつだが、このヒロインには、落窪の姫のようなハッピーエンドは用意されてはいない。

昔、櫻木の大王の御世に、三人の皇子《みこ》があり、末の露の宮は詩歌管弦に通じ、容貌心ばえの優れた若者であった。宮は、朝顔の上という梅が枝の大納言の娘の噂を聞いて憧れ、乳母の手引きで姫の邸に忍び入って幾度か文を交わし、やがて後朝《きぬぎぬ》となった。朝顔の上は、幼時に生母を亡くし、父は後妻浮草の前を娶っていた。このことは浮草の前の知るところとなり、中納言の立腹をいいことに、荒くれた武士たちに姫を吉野の山中に棄ててくるように言いつけた。

その日から墨染の衣に身を包んだ露の宮の、姫を捜す旅がはじまる。清水に詣で、伊勢路を過ぎ、鈴鹿山を越え、磯路の浦を眺め、尾張、三河も通り過ぎ、富士の煙を仰ぎ見る。伊豆の国から相模の国へ、武蔵野から隅田川を渡り、常陸、下総、甲斐、信濃、いつか陸奥までたどり着く。越後、越中、越前、丹後に着く頃は、はや二年が過ぎていた。

宮は丹後を越えて嵯峨に出て、備前、備中、備後をたずね、安芸の国から長門を通り、筑前の博多の津へと船は着く。安楽寺にて祈念ののち、大隅、薩摩、日向を過ぎ、豊後の浦より四国に渡る。伊予、讃岐、阿波、鳴門の沖から淡路島、明石では、八月半ばの空の月、やがて紀の国熊野に籠る。

一方、吉野山の朝顔の上は、昔継母に棄てられたという老女に救われ、山深い埴生の小屋で暮らしていが、三年も過ぎた頃には、物思いが積もりに積もり、十八の若さで果敢《あえ》なく亡くなってしまった。

熊野の露の宮は、夢にあらわれた老人に、「姫は先月七日に空しくなりぬ、跡を見たくば吉野を尋ねよ」と告げられる。鹿の通い路と見える細道に新しい廟所があり、ひともとの草花が咲いていていた。これぞ、朝顔の塚、と宮は守り刀を突き立てて、朱《あけ》に染まって倒れ伏す。塚の中より若君ひとり生まれでたが、父もなく、母もなく、やがて露と消えて、その魂の胡蝶となった。よろずの花に戯れ、父よ、母よ、と明け暮れ舞っては嘆くばかり。

朝顔の花は、夜は露に契り、朝美しく咲くけれども、日陰を待たずしおれてしまう。露の宮の物思いは、火焔となって天に上り、雷《いなづま》の影となった。世にはかなきことを、朝顔の露、雷の影、胡蝶の遊びというのはこれである。

薔薇のギルセンドの付いたハープを弾く
アレクサ・ワイルディング

古い歌にも、

世の中は夢か現《うつつ》か現とも夢とも別かず有りて無ければ

以上が「朝顔の露の宮」のあらすじである。生きていると見えた人もやがてははかなくなり、その人の記憶を持った人もいつかはいなくなる。この世は続いているように見えながら、実は有りて無きものの絶え間ない入れ替わりではないか、という無常観を、この物語を読んだ学生時代につよく思った。末尾の一首は、『源氏物語』宇治十帖の薫の君の、若くして逝った恋人大君《おおいぎみ》を追慕する嘆きの歌に重なってくる。

ありと見て手には取られず見ればまた行方も知らず消えし蜻蛉《かげろう》

SUB ROSA（薔薇の下で）と船室のアレクサ・ワイルディング

ビロードのような毛脚があるロココ調の椅子が、整然と船室のように並んでいた。浮き出し模様の深紅の布貼りだった。狭い店によくあるように、片側が鏡になっている。

神保町すずらん通りにあった喫茶店「SUB ROSA」。高校生の頃買った、上製丸背で葉書よりも小さな四角い赤革のノート。その金箔押のタイトルと同じだった。ノー

「SUB ROSA」の由来を知った
赤革のノート
金箔が剥落している

トの扉には、ローマ時代には、薔薇の花を天井に飾った宴で話したことは秘密にするという風習があった、と書かれてあり、毎頁に横罫と薔薇のカットがセピアで刷られていた。その名の由来を知っていた私は、赤に白抜文字の看板の店に強く惹かれるものを感じたが、最初に入ってみようと言ったのは、ランチのあとに一緒に歩いていた父だった。しかし、秘密めいた話をしているお客はどこにもいなかった。

オーナーの女性は、ラファエル前派のダンテ・ガブリエル・ロセッティのモデルのひとり、「ギルランダータ（花飾りの女）」などに描かれた、縮れた前髪の赤毛のアレクサ・ワイルディングにそっくりだった。黒髪だったので知的な感じがした。いつも彼女の書いているノートを何気なく見てしまったら、あわてて閉じていたが、隠すまでもなく、横文字で読めなかった。

アレクサの弾いているハープには、薔薇のギルセンド（花づな）が巻き付いている。上部両側の頭部に翼を持った少女は、ウィリアム・モリスとジェーンの娘のメイ・モリス。メイは、アレクサがあまり好きではなかったようだが、ロセッティ至上の作品として評価の高い「モンナ・ヴァンナ」など、重要な作品のモデルもつとめている。

秘かに愛していたものが、金太郎飴のように同じ形でメディアに頻出しはじめると、とたんに情熱を失う私は、よく知られたジェーン・モリスや、ミレーのオフィーリアのモデルにもなったロセッティ夫人のエリザベス・シダルよりも、仇な赤毛のアレクサ・ワイルディングのほうがずっと好きだった。

同じ通りをそのまま一ツ橋に向かってもう少し歩くと、「高岡紙店」があった。化粧品のパッケージの端物らしき繊細な銀のアラベスク模様が型押された紙などが、薄暗

ジュディット・ゴーティエ
テオフィル・ゴーティエの娘として生まれ
父の影響で日本・東洋趣味の物語を書いた

い店の赤錆びた店頭の棚に、無造作に置かれていた。直感的に値打を感じたものは、迷わず手に入れていた。といっても、信じられないくらいに安価だった。ふたつの店はもうずいぶん前に姿を消した。細長い店だった「SUB ROSA」は、今はウナギの寝床のようなお蕎麦屋さんのカウンターになっている。

通りの向い側に今もある檜画廊オーナーの檜よしえさんは、俳優座の女優さん。はじめての個展以来の長いおつき合いだが、私好みのサッパリした人柄で、決して泣言は言わないが、人の泣言は聞いてくれる。その上、的確なサジェスチョンをしてくれる。肩が痛いと言えば、揉んで元気づけてくれる。ベテランの女優さんに肩を揉んでもらうなんて、なんとリッチなことか。話しこんで日暮れになり、涙があふれそうな無上の幸福感につつまれながら家路をたどると、私たちのファーストネームの頭文字のYが、神保町のビルの谷間の夕焼け空に、くっきりと浮かび上がる。

ジュディット・ゴーティエと東洋への夢

日本に生まれ、西洋に憧れ続けて逝った広津里香とは対照的に、フランスに生まれ、ロンドンとパリ万博でジャポニスム、オリエンタリズムに触れて東洋に憧れたジュディット・ゴーティエは、時にキモノを羽織って日本・東洋趣味の小説を書いた。

彼女は一八四五年、ロマン派の詩人・作家のテオフィル・ゴーティエと、バレエ『ジゼル』の主役、舞姫カルロッタ・グリジの妹で、歌姫エルネスタの長女として生まれた。

『ÉMAUX ET KAMÉES』1943年
アンドレ・マルティのポショアールの挿絵入

両親ともに仕事で家を空けることが多かったので、ジュディットがパリの父親のもとで暮らしはじめたのは、ようやく十歳になった時だった。父は美しく成長した娘に驚き、娘は、父のサロンに多くの芸術家たちが通って来ているのに目を瞠る。

テオフィル・ゴーティエは、私がもっとも愛するフランスの作家である。はじめて短編集『廃墟の戀』(一九五三/創藝社刊)を読んだ時、幾千の宝石箱の蓋を開け放ち、一斉に天空から撒き散らしたような、絢爛たる言葉のシャワーにたちまち酔いしれてしまった。田辺貞之助の流麗な訳に負うところも大きい。小説の舞台も中国、エジプト、インドと、異国情緒が色濃くただよっている。

『ジゼル』の原作者としてのほうが一般には知られているかもしれない。『モーパン嬢』『キャピテン・フラカス』「水辺の楼」、詩集『七宝螺鈿集(七宝とカメオ)』…。限りなく思いの深いテオフィルのことはひとまず措くとして、今回はジュディット・ゴーティエについて語りたい。

かつて化粧品会社のPR誌に連載されていた海野弘の「旅をする女」の第百三回目が、ジュディット・ゴーティエだった。テオフィル・ゴーティエの娘だということをその時知った。オーストリア皇妃エリザベートのように髪にエトワール(星)の髪飾りを付けた、サロンの女王にふさわしい華やかな写真が載っていた。十年にわたったこの連載は、のちに『パリの女たち』と改題して河出書房新社から刊行されている。

ジュディットの父テオフィルは、ロマン派の巨匠ヴィクトル・ユゴーの弟子であり、作家のアナトール・フランス、ピエール・ロティ、画家のドラクロワら、フランスの高名な作家や外交官、芸術家の多くがそのサロンに出入りするという、知的で恵まれ

海野弘『パリの女たち』
河出書房新社刊

た環境だった。サロンに来ていたペルシャの貴族から求婚されたこともあった。

彼女が熱愛して結婚した相手は、アポロンとも譬えられた美貌で、パルナシアン（高踏派）のリーダー的存在だった詩人カチュール・マンディス。彼とはリヒャルト・ワグナーへの傾倒だけは一致していたものの、女性関係が派手で、父の猛反対を押し切って結婚した生活は、誇り高いジュディットにとって、決して幸福とはいえなかった。

やがてジュディットはマンディスと別れ、サロンの女王として、夢のなかに生きることのほうを択んだ。彼女はブルターニュのサンテノガにプレ・デ・ワゾー（鳥の園）という別荘を作り、一年の大半をそこで過ごした。上流階級の肖像画家ジョン・シンガー・サージェントもサロンに通って、彼女の美しさを讃えて戸外での肖像画の連作を描いた。青空を背に帽子を押さえたモネ風の明るい作品も残されている。

カチュール・マンディス、ヴィクトル・ユゴー、リヒャルト・ワグナー、ジョン・シンガー・サージェント、老いも若きも芸術家たちをみなたちどころに虜にしてしまうジュディットの魅力とは、何だろう。美貌のうえに、行ったこともない土地のことを、見てきたかのように書くことのできる、父から受け継いだヴィジオネール（幻想家）としての才能。ジャポニスムが大流行の折から、西洋人のこころを惹きつけるエキゾチックな国々の豊溢な知識の裏打ちのほかに、話術にも長けていたのではないか。中国人の家庭教師に学び、日本語を習得し、サロンの常連で、日本で暮らした経験がある『お菊さん』を書いたピエール・ロティに、日本の話を直に聴いたであろうことも想像にかたくない。障子のはまった日本家屋のある東京駅周辺のことも、シャム王国の

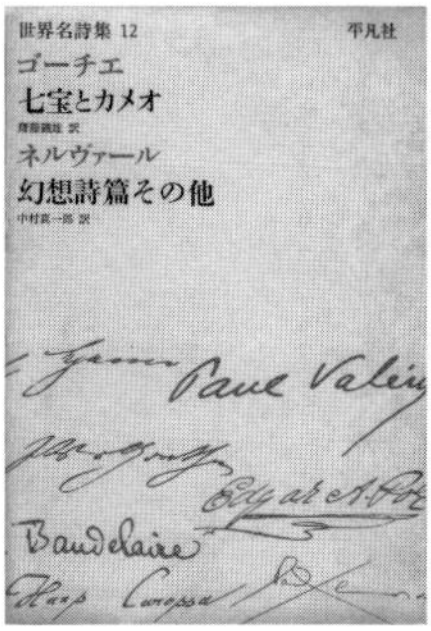

世界名詩集『七宝とカメオ』
世界名詩集／平凡社刊

ジュディットは実際に見たかのように自在に書けたである。

六年ほど前、「ジュディット・ゴーティエ」で検索して、ヒットしたのが僅かに四本。ひとつが吉川順子氏の『蜻蛉集《せいれいしゅう》』についての学術論文、ふたつめがジュディットのフランス語版復刻著作集、その次がアルフォンス・ミュシャの挿絵本『白い象の伝説』（ガラリエSORA刊）、そして最後が「ビオブリテカ　グラフィカ　西洋挿絵見聞録」と題したブログの一編だった。

『蜻蛉集』(Poemes de la libellule／一八八四年)は、渡欧中の西園寺公望が『古今集』を中心に和歌八十八首を散文に仏訳し、これをジュディットが韻文に仕上げたもの。五七五七七の和歌の韻律をフランス語で踏んでいるという素晴らしい訳だという。ブログは、山本芳翠が下絵を描いた多色石版に本文活版刷のこの本のことに触れていた。版画は日本の三椏の局紙に刷られている。芳翠はパリ滞在中の絵画を、船の沈没によってことごとく失った非運の画家でもある。

「ジュディットのことを知っている人がいるなんて！」とひどく感激したが、ブログ主は、私の周囲の絵や本好きの仲間のひとりであった旧知の気谷誠さんだった。彼が二十代の終り頃、銀座の秀友画廊で、シャルル・メリヨンの版画のステートの説明を受けているところに、誰とも知らぬまま、私も偶々客として居合わせたのだった。最初に会ったのも画廊、最後に会ったのも画廊だった。

気谷さんは二〇〇八年九月に、五十代はじめで惜しくも急逝したが、その二年前に悲願のジャン・グロリエ旧蔵本の一冊を購入している。金箔押の幾何学模様で装飾されたルネサンス期(十六世紀)の革装丁の逸品である。取り扱った古書店の方によれば、

十九世紀の製本界と
アンリ・ベラルディの装丁
大家利夫

「十九世紀の製本界と
アンリ・ベラルディの装丁」
「芸術生活」1980年11月号

「出ました！」と伝えたのが午前、「退職願出したから買う」と連絡が入ったのがその日の午後。「この機会を逃すと、もう生涯手に入らないと思った」からだ。ワンルームマンションが買えるくらいの価格だったという。

「季刊銀花」百五十八号に、気谷さんをこの世界にいざなった、日本の製本工芸家の第一人者大家利夫さんによる、珠玉の気谷蔵書の紹介記事が掲載されている。大家さんは気谷蔵書のパリでの売立てに際し、それぞれの本にオリジナルの蔵書票を貼って送り出したのである。

大家さんもやはり「銀花」の縁に連なる方である。私が新入社員の頃、「銀花」に載っていた新宿の和紙の店「ももよ草」に通いつめるうち、店員さん（実はK社のカメラマン）が、「凄い人がいるから、みんなで会いに行こう！」ということになり、車で郊外の大家邸に連れて行ってもらった。栃折久美子さんがベルギーに製本を学びに行って新聞記事になった頃、すでに大家さんはパリに住み、革装にいくつもの金版《かなばん》を組み合わせて精緻な箔押を施した、顧客の注文による本を造っていたのである。

「芸術生活」一九八〇年十一月号に、大家さんは「十九世紀の製本界とアンリ・ベラルディの装丁」という文章を寄稿している。それを読んだ時、彼は本物の「製本工芸家」だと思った。

恩師庄司浅水先生も亡くなり、気谷さんのように、西洋の稀覯本の蒐集に情熱を燃やす愛書家は、もう周辺にほとんどいなくなってしまった。今さらながらに早逝が惜しまれてならない。

あなたは雪のニンフじゃない、アンプロンプチュだ。

『草入水晶』というシュティフターを思わせる透き通るような書名に惹かれて、神田の八木書店の棚から引出した本。龍野咲人の『草入水晶』は、一九四七（昭和二十二）年から四九年にかけて、雑誌「高原」五号から十号（終刊号）まで連載された小説である。単行本は古沢岩美の装画で、昭和三十一年に甲陽書房から刊行されている。

作者の分身とおぼしき詩人塩田と、夏の軽井沢で知り合った牝鹿のような折江。敗戦直後の過酷な状況の中で、生活能力のない主人公は、幼い娘と身重の妻を抱えて、将来にも才能にも何ひとつ希望を見出せずにいた。……敗戦を喜びで迎えるようなことをいう人も、疲れていた。敗戦の灰の中でフェニックスのようなことをいう人も、悲しみにやつれていた。敗戦を解放だと受取ったとしても、深いデカダンスの空気があった。

そこにあらわれた折江は、白いスーツでりりしく身を引き締めた、若いしなやかな鹿のようにまばゆい存在だった。ほかのことでは、つつましくむしろ地味でさえあった折江だが、ただひとつ贅沢だったのが香水である。三笠へ紅葉を観に行った日、旧軽駅から高原電車（昭和三十七年まで軽井沢〜草津間を走っていた草軽電鉄）にひらりと跳び乗った折江の身体からただよう、うつくしい生命の香り。それがリュシアン・ルロン社のアンプロンプチュだった。折江の姿が鹿のようであっても、その香りは麝香《ムスク》のように濃厚ではなく、その名のようにかろやかで優雅、即興的な香りである。リュシアン・ルロンはプレタポルテの先駆者で、クリスチャン・ディオールやユベール・ド・

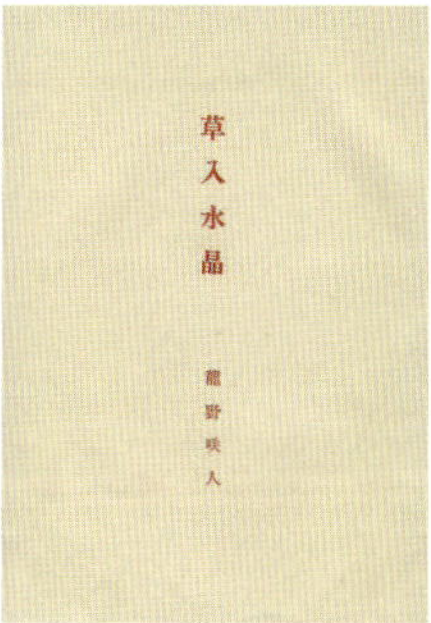

龍野咲人『草入水晶』扉
甲陽書房刊

ジバンシー、ピエール・バルマンを育てたデザイナーとしても知られる。

妻子持ちの貧しい詩人が、折江の厳格な父親から認められる可能性などは微塵もなく、逢瀬を重ねながらも、訣れは刻々とせまっていた。兎狩りに行った雪の日の朝、永遠＝アイオーンとギリシャ語で雪の上に落書きした塩田は、存在さえもはかない自分たちの恋が泡雪のようなものであり、雪の上の文字と同じく遠からず消えてゆくことをはじめから知り抜いていたのだろう。「オクターヴィヤー」と娘を呼ぶ外国婦人に、「きれいね、音階の名をつけるなんて」と感歎する折江。折江は、ピアノを弾くのがとても好きだった。

> 花の唇でやさしく接吻しようとして唇を近よせると、恋しいものも向うから近づいてくる。だが、遂げ得たと思ったしゅんかん、唇に冷たい拒絶を感じて、世にないものに逃げられてしまう。（中略）美青年の水仙は、恋しさのあまり、この虚しいことを繰返さないわけにはいかない。そしてついに、手にさわれば無くていて、実はほんとうの有るものの底へ、死んでいくのだ。

水仙の由来について塩田が調べながら逗留している駅前旅館に、だしぬけに折江が訪ねてくる。折江は東京へ帰らず、別荘で冬越しをしていた。氷池に折江を誘う。

「あたしの身体、雪のにおいがするでしょう。」

「なぜ？」

『草入水晶』表紙

「来るとき、雪が降っていたんです。」

それに返したのが、表題の言葉である。

途中の小径におしかぶさった崖が凍てつき、青味を帯びて見えている。水が鉱物であるしるしなのか、氷の圧力に飲みこまれてしまい、全身ひっそり澄みとおらしている羊歯類の葉の映りなのだろうか。琥珀のなかに閉じ込められた虫のように。……まるで草入水晶だ。こんな時代は、社会へ飛び出して悲哀と疲労とで自分の生を滅茶苦茶にすりへらしてしまうか、人間が草入水晶となって深く澄みとおるのを見届けるかするよりほかなかった。……美しいものよりも、まず食べてゆくこと、という敗戦後の閉塞的な状況は、現代の世相と酷似しているが、その後の飛躍的な高度成長のような未来図を、今は描くことができない。

折江から婚約を告げられ、塩田は、すべてを忘れるかのように和紙を染める。ヤマナシの淡卵色、カエデの赤、朴の鶸《ひわ》萌黄《もえぎ》、山ザクラの紅色、辛夷《こぶし》のあざやかな新緑。夢深い染めの時間だった。しかしすきま風のようにふたたび現実が吹き入ってくる。

思い余って塩田はある夜、梯子をかけて別荘の二階の折江の部屋に忍び込んだ。闇のなかに甘美に香る、アンプロンプチュ。翌朝、梯子がはずれて塩田はそこから出ることが出来なくなった。折江の父はそれを察し、二日後に東京に発つ予定をすぐに実行するよう命じた。数日後に戻ってきた折江は、新鮮な果汁を、朦朧とした塩田の口に含ませてくれた。それが折江の顔を見た最後になった。

処女座のスピカのように、それきり折江はすぅっと別れていった。今となっては、彼女のありかをたずねていっても、おそらく樅かなんかの根もとに、小さな思惟のかたちをした仏像が石にきざまれているくらいにしか過ぎまい。

妻を実家に連れ戻され、一人になった塩田に数学教師の話があった。職を得て赴任した塩田は、折江の面影に肖た女生徒小山椿と出会う。しかし蠱惑的な椿は折江の気品には及ぶべくもなく、あらぬ噂も立てられ、塩田は三ヶ月で退職してしまう。

外交官に嫁いだ折江から久しぶりに手紙が届いた。

「冬になったら、あなたについて詩を学ぶおゆるしが出そうでございます」という一節を読んだ塩田は、かつて折江が鹿のようにうつくしかった頃、「もうしばらく我慢してください」と繰り返していた言葉と同義に聞いた。

昭和二十一年に雑誌「高原」(鳳文書林刊)が発刊された時、当時としてはすこぶる高価だったのにもかかわらず、またたく間に売り切れたという。美しいものや知性への渇望、抑圧から一気に解き放たれた時代だった。堀辰雄、片山敏彦、山室静という編者の名も大いに魅力的だったことだろう。中村真一郎の「死の影の下に」、福永武彦の「塔」、原民喜の「雲の裂け目」などが載ったのも「高原」だった。のちに単独舎から三百五十部限定で全冊が復刻された時もまた、すこぶる高価であった。

単行本『草入水晶』を取り出した時、諏訪の甲陽書房から刊行されていたことにあらためて気づいた。神田のオフィスに通っていた頃、たびたび仕事をご一緒した東京甲陽書房社主の父君が、諏訪甲陽書房の版元石井計記氏であった。数年前、詩集の装丁

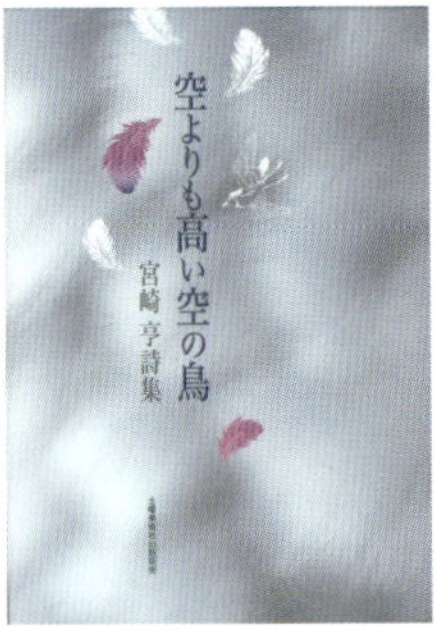

宮崎亨詩集『空よりも高い空の鳥』
土曜美術社出版販売刊
羽根の乱舞のなかを飛翔する鳥

の打合せで著者とお会いした時、「龍野咲人先生は、私の詩の師匠です」と言われたことがあった。雪が降るのを「天使の羽が抜け変わる」というけれど、その抜けた白い羽毛の乱舞のような重なりのなかを、一羽の鳥が舞い上がっているカバーデザインであった。龍野氏はすでに故人だが、仮にこのような悲恋が事実にもとづいていたとしても、雪のなかを高く勁く飛翔する小鳥のように、その後を生き抜かれたことと思う。

エミール・ノルデの学者と青い顔の少女

エミール・ノルデの「学者と少女」を初めて見たのは、当時はまだ珍しかった新聞日曜版の色刷りであった。「ドイツ表現派展」が上野の国立西洋美術館で開催されていた時の案内記事だったのかもしれない。社会というものを知らない高校生の頃、その画家の背景なども知る由もなく、少女の青ざめたというより薄青そのものに塗られた顔に、直感的に烈しく惹かれるものを感じたためだろう、大きめのその紙面を保存していた。青い顔の官能的な少女の嘲笑は、すべての権威や地位や欲望を凌駕し、優越している。ノルデの絵は、火の玉のような一瞬の日没にも、咲き狂ったような緋色の罌粟にも、彼しか描けない強い意志と抵抗のほとばしりを感じるのだ。差し色としての原色ではなく、青と黄、赤と緑などの補色、強烈な色彩を多用した絵は、実はあまり好みではないが、ノルデだけは、その悲劇性において別格なのである。

ノルデは、ナチスに退廃芸術（エントアルテテ・クンスト）の烙印を押されて弾圧を受け、

「学者と少女」
権威をあざ笑うかのような
青い顔のコケットな少女

一九三八〜四五年にかけて、ゼービュルの自宅に隠遁することを余儀なくされた。四一年、当局からは絵を描くことも売ることも、絵具を入手することすら禁じられた。ゲシュタポの監視の下で「描かれざる絵」(ウンゲマルテ・ビルダー)は描かれた。油絵具の匂いが漏れると絵を描いていることが悟られるため、昔の絵を小さく切り分け、その裏に水彩画を描くしか道がなかった。とっさの場合にも、隠すことが可能だからである。ノルデのような大きな筆致の画家にとって、小さな絵は極度の集中を強いた。その数は数百枚に及ぶ。

ラジオを駆使したワンフレーズで国民を洗脳したゲッベルス宣伝相は、ノルデ、ムンク、クレー、カンディンスキーなどの五千点にのぼる大量の絵画を焼却、ヒトラーが見せしめに開催した「退廃芸術展」(一九三七)では、ノルデは中心に据えられ、外貨を稼ぐために海外に売り払われた作品は、かろうじて消失を免れている。とりわけ標的にされたのが、ノルデとバルラッハだった。

展覧会前夜、ヒトラーは演説を行ない、「我々は今から、我々の文化を堕落させる最後の分子どもに対して、仮借のない掃討戦を進めようとしている。……これら先史的石器時代人たち、芸術の吃りどもは、彼らの祖先の洞窟に戻り、そこで世界共通のプリミティブで下手くそな作品をこしらえていれば良いのだ」

一九四五年、第二次世界大戦が終結、ナチス帝国の崩壊、ヒトラーと愛人エヴァ・ブラウン、ゲッベルスの自害、狂気の時代が過ぎたあとに、ノルデは「描かれざる絵」を油絵に描き直している。「もしすべてを油絵に描き変えようとしたら、私の生涯は二倍あっても足りないだろう」ノルデは七十八歳になっていた。

「エミール・ノルデ」という名の
黄色い薔薇

エミール・ハンセン（一八六七〜一九五六）は、デンマーク国境に近いドイツ北辺のノルデ村に生まれた。のちにエミール・ノルデと名のる。第一次世界大戦の敗戦時に、その村はデンマークに割譲された。家具彫刻の仕事などをしながら画家を志す。シェーラン島北部を旅したときに知り合ったデンマークの女優アーダ・ヴィルスドルフと結婚、初対面の印象をアーダはこう記している。

「フネスデズのホールに、一人の男が腰掛けていた。一人ぼっちで、ボロボロの服を着て。シャツの袖には、パレットの絵具がいっぱい付いていた。……身だしなみはまったく整っていなかったが、威厳を持ってあたかも自らの周囲に孤立した雰囲気を作っているのかのように、一歩退いていた」

「ブリュッケ（橋）」「シュトゥルム（嵐）」「青騎士」「ベルリン・ゼツェッシオン（分離派）」など表現主義のグループに関わりながらも、やがて距離を措かざるを得なかったノルデは孤立してゆく。

「学者と少女」は、一九一二〜二〇年頃の一連の作品のひとつ。「兄と妹」「王と恋人」「支配者と女」「少女と悪魔」「女とピエロ」「娘とサタン」など、対比としての男女が描かれ、その女たちの顔は、萩原朔太郎の詩の言葉のぬめりで塗られたように、時に黄、時に青、時に青緑と、どれもなまめかしく、現世のどのような有力者に対しても、常に優位に立っているように思われる。ノルデ自身、「色彩はしばしば私の作品の人物像や構図を決定する。色彩は、ちょうど言葉が詩人の手段であり、音が音楽家の手段であるように、画家の手段である。色彩はエネルギーであり、エネルギーは生命なのだ」と述べている。東京での一九八一年の国立西洋美術館、二〇〇四年の庭園美術館でのエミール・ノルデ展には、残念ながら「学者と少女」は来ていなかった。

青年時代に画家志望だったアドルフ・ヒトラーの生真面目で写実的な絵は、決して下手ではなかった。稚拙だと蔑んだノルデよりも上手いかもしれない。しかしそこに、異国の高校生をたった一枚の絵で瞬時に虜にしたような、世界共通の脈打つものが宿らなかったのである。そして、芸術の多様性にこんなにも寛容になった時代にも、ノルデのような、魂をわし掴みにする個性は、どこにも見つけることができない。

ドイツで作られたエミール・ノルデという名の黄色い薔薇は、ノルデの黄よりもずっと優しい。カップ咲きの丸い花弁は、名誉と自由を取り戻し、孫娘のようなヨランテと再婚、花咲く庭で制作に没頭したノルデの最晩年の幸福を思わせる。

オーカッサンの情熱、ニコレットの理性

作りたい豆本の「辞典」のカテゴリーに、『登場人物辞典』と『恋人たちの辞典』がある。『恋人たちの辞典』は、頁に限りがあるので、ほとんど出典と作者、恋人たちの名前とプロットだけになりそうだが、その筆頭に『オーカッサンとニコレット』が挙げられる。

「季節はいくたびもくりかへす。そして、人の心は、おなじ道をいくたびもさまよふ。」ではじまる、立原道造が婚約者水戸部アサイに献じた「物語」のあとがきに、「僕は『アンリエットとその村』のことを告げねばならない。それは僕のふるい少年の日からの美しい夢だつたのだ。『村のロメオとユリア』や『オオカツサンとニコレツト』や『エリ

ーザベト・ラインハルトのみづうみの物語』になぞらえて、色鉛筆で僕とアンリエットとふたりを主人公にして、一しよう懸命に織つてゐた夢だつたのだ。」と書かれている。

『オーカッサンとニコレット』の古雅な響きに、それはどういう物語なのだろう?と実に長いこと「待ちこがれた物語」だった。エリーザベトとラインハルトの物語も、村のロメオとユリアも、ポールとヴィルジニーの物語もすぐに読むことができたけれど、ようやく古川達雄訳『オウカツサンとニコレツト』二見書房版を神田の田村書店で掌中にしたのは、それから十年以上も経ってからだった。一九四七(昭和二十二)年刊、文庫サイズの上製本で、継表紙、四隅も三角に継がれた瀟洒なコーネル装だった。立原は昭和十三年に亡くなっているので、彼の見た本は、おそらく大正十二年刊行の團伊能訳『オオカツサンとニコレツト』だろう。昭和二十七年刊の岩波文庫で、訳者川辺茂雄が「バラ色の表紙の菊半截判、袖珍型の美本であつた」と紹介している。袖珍本《しゅうちんぼん》とは、着物の袖に入るような小型の本のことをいう。

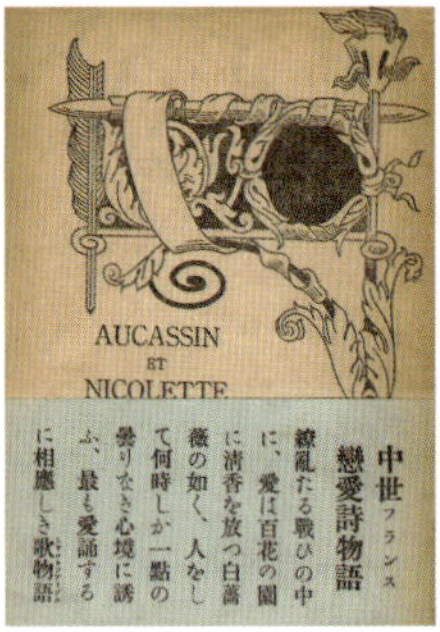

歌物語『オウカツサンとニコレツト』
二見書房刊

これは十三世紀中世フランスのシャントファーブル(歌物語)で、約十枚のパーチメント(羊皮紙)の表裏に、ローマ音符の楽譜入りで筆写されたもの。作者は不詳、現存するのはパリ国立図書館のただ一部のみということである。二見書房版には、口絵にパーチメントの一葉の写真が載っていて、最初に楽譜、その下に物語が書かれている。古風な訳は「さて、歌となりまする」と冒頭に歌い出で、次に「さて、語り出でまする」と語りと台詞が始まる。

竪琴《リラ》を持って語り歩く吟遊詩人《トゥルバドゥール》のうたの調べにのって語りつがれ、その物語があま

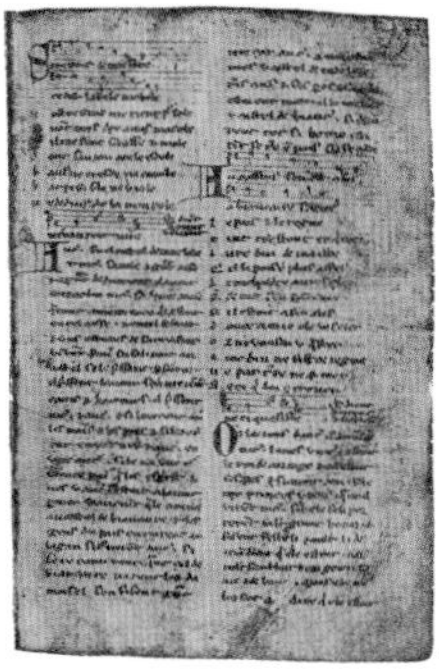

ローマ音符の楽譜入口絵

りに素晴しかったので、これを書きとどめずにはいられなかったのだろう。川辺氏が、ソルボンヌの教室で女学生がピアノを弾きながら唄うのを聞いた印象では、素朴と優雅が、物語のように不思議な綾をなしていたということである。

　この物語は何度か上演されているが、二〇一〇年一月に、満員のアイピット目白で空中カタカナ団の舞台を堪能した。主役ふたりは、純白の衣装にナチュラルなメイク、脇を固めるベテラン陣は、白塗でカラフルな衣装、若い恋人たちが際立つような構成になっている。

　オーカッサンとニコレットは愛しあっているが、オーカッサンはやがてボーケールの王になる身、城代がサラセン人から買って養女にした女奴隷ニコレットとの愛が許されるはずがない。ニコレットは幽閉、オーカッサンは想い焦がれて憔悴する。ニコレットは知恵をもって部屋から脱出、森に逃れ、花を摘み、草を盛って庵を作る。ちいさく簡素な舞台だったが、縦に何枚も接ぎ合わされた細長い真っ白な布の途中に空き口があり、そこから花を持った手が次々と現れて、ニコレットが花を摘み、花束を作る。この演出は秀逸だった。さらに継ぎ目の一枚の布が、暖簾のように途中までくるくると巻き上げられる仕掛になっている。

『枕草子』第二百八十段、雪が高く降った朝、中宮定子の「香炉峰の雪はいかならむ」との問いに、白居易の七言律詩中の「簾を撥げて看る」に倣い、清少納言が御簾《みす》を高くかかげた様子を思い起こさせる。巻き上げられた向こうに花の庵があって、ニコレットの雪のような白い衣装が覗いている。

　ニコレットは、森で出会った羊飼たちにオーカッサンへの伝言を頼み、ようやく二

空中カタカナ団の舞台劇のチラシ

人は森の庵で再会、舟に乗ってともども故国を脱出する。烈しい嵐の果てに漂着したのはトールロールの港。この地で愉しき三年ばかりを暮した頃、サラセン人の侵入で二人はまたも別れ別れに。オーカッサンは母国ボーケールに連れて行かれ、ニコレットはカタルヘナへ、ここで、彼女は幼時に誘拐されたこの国の王の娘だということが判る。しかし異教の王との縁談を逃れるため、胡弓を持って旅芸人の若者に身をやつし、数年をかけてオーカッサンのもとへと辿り着く。

ヒロインが高貴な出自であったという貴種流離譚はよくある話で、この物語も大団円で終わるのだが、波乱万丈のストーリーとヒロインの健気な行動力に対しては、この結末が最もふさわしいと思われる。それにしても、勇敢だが、想い焦がれて部屋に隠ってしまうオーカッサンと、知恵と理性と行動力で難局をみずから乗り切るニコレット。ニコレットの方が役者が一枚上という古川氏の感慨には深く共感する。

広津里香『死が美しいなんてだれが言った』と『蝶の町』

一九七七年一月、朝日新聞三面の記事下五段抜きのカッパブックスの広告が眼にとびこんできた。その大半は『死が美しいなんてだれが言った』という本に費やされていた。［思索する女子学生の遺書］とサブタイトルがついている。著者は二十九歳で夭折した広津里香（本名廣津啓子）である。

父廣津萬里氏の言葉は、読むからに切ない。「時にこの残忍な災厄、須臾《しゅゆ》にしてあ

カッパブックス（光文社）の広告
『死が美しいなんてだれが言った』

なたはこの地上を去った。……風のように駆け抜けて、手をさしのべるいとまもなく、あなたは逝った。……あなたは何故男に生まれてこなかった。地上の制約は半減して、あなたは自由不羈《ふき》奔放に、現世を闊歩できたろう。……あなたも、招魂の日には、駿足を利して桜ヶ丘に舞い降りよ。父は地上にて待つ、いつまでも。命ある限り！」

約半世紀が経過した今であったなら、彼女は自由闊達に才能を伸ばし、苦もなく外国に留学し、社会で希望するどのような意義ある仕事にでも就けたのに違いない。芸大の美術建築の二次試験（実技）に行ったら、周りは百戦錬磨のつわものばかり、女子の受験生は彼女ひとりだったという時代なのである。彼女はそこを棄権し、重なっていた東大理系の三日目の受験に赴くが、写生の道具しか持っておらず、その夜、発熱。翌年、東大教育学部に入学する。

高校時代、彼女は『アンネの日記』を愛読、アンネが「親愛なるキティーに」と呼びかけていたように、「Note de Vivi」と名付けた日記に心情を吐露しはじめる。日付もdimanshe 28 juinというようにフランス語表記だった。冒頭は英語の詩で始まっている。

「私の名前は、このノートブックの中ではヴィヴィ。そしてこれが私の唯一のほんとうの名前なの。私は金沢大学付属高校二年生。私はこのヴィヴィという名前が大好き、ヴィヴィって、甘くてこっけいにきこえるでしょ。」

父は大学教授、自身もエリート校に通っていた彼女は、『風と共に去りぬ』のスカーレットが好き、メラニーは嫌い、東洋を、アジアを、日本を嫌い、田舎を、畳を嫌い、束縛を嫌い、定例コースの凡庸な生き方を嫌った。

自分が育ちのいいお嬢様風に、またチャーミングに見えることを明瞭に意識しなが

広津里香の油絵
「私はいやだ」

ら、内面では激しくそれに抗う。凡庸な会話のあとの虚しさに苦しむ。ジャン・マレーとボードレールは、ナイーヴでエゴイスティック、自分と似ているから、決して愛は感じないだろうと思う。

好きなものは透明なマニキュア、すごく小さなスカイブルーの表紙のCollins英仏辞典、パールピンクのきゃしゃな万年筆、ヘルメスの桜リキュール、古典的な花の色彩のあるビーズのバッグ、ローズのジョーゼットのストールにローズのコート、白い毛皮が裏についた茶色の皮のブーツに、汕頭《スワトウ》製のハンカチーフ……とこちらは優雅で乙女っぽい。

切り取って
　花瓶にさしても
バラはひらく

私はいやだ
　花瓶のなかで
花開くのは

つかまえて
　檻に入れても
豹は生きる

油絵「毒蛾」

私はいやだ
　金網のなかで
　　呼吸するのは
　　　　　　　（私はいやだ）

　彼女の早すぎる才気やセンシティヴでシニカルで堅固な宇宙感に拮抗する者は、一流の大学に通いながら、周囲にはほとんどいなかったのではないか。恋はいくつもあった。しかし、西洋の男の子のように自分をエスコートしてくれる者は誰もいなかった。日本的な湿った情緒や習慣や風土を嫌い、欧州に行くことを切望しながらも叶わなかった。東尋坊も犀川もあったのに、決行することができなかった。そして、孤独は日毎に深まってゆき、日記と詩と油絵を描くことに心血を注ぎ、内なる世界は、ますます研ぎ澄まされていった。死は、起床して「まだ生きていた」と思いながら一日がはじまるように、日々一つの「指標」にさえなった。

　原罪があるように、「原死」、生まれ持った死、内包された死というものが、生まれてきた時にすでにあるのではないか、と私はいつも考えている。それは幼少の意識下にはなくとも、肉体とともにゆるやかに育っていくものであり、意識にのぼる時に否応なく人生を考えることになる。彼女の日記を読んでいると、ごく早い時期から、そここに原死の感覚がちりばめられているのを見逃すことができない。日本に生まれてきたこと、「それは神様のいたずら。わたしがアクマの子だから」と呪い、「生まれた時にすでに日本で死んでたのだ」「周囲にきれいな興味をひくものがなんにもない国」「二、三歳でもう死を考えていた」木々に雪の降りつんだ森を北欧の森のようにきれいだと思いながら、これはまがいものだと知りぬいている。並外れた優秀な頭脳と感性と矜持を持っていたがゆえの、懊悩と葛藤と挫折と諦念。

かつて銀座七丁目のライオンビヤホールで、旧建設省の下級官僚だった知人と飲んだことがあった。ふと眼を上げると、ボーイを含め、そこに居合わせたあらゆる人々が、自分の眼球を残して一瞬すべて骸骨に見えたのだった。以後これほどことごとく平等な光景を二度と味わうことはあるまい、彼女が二重になった虹を見た、と「Vivi」に書いていたと同じくらいに、生涯にまたとないことに思われた。

骸骨が歩く　宙づりになって
空洞の目にはスクリーン
映りはするが感じはしない

骸骨に恋をしかけ　未来を語る
そのおかしさに
骸骨は誰にも見えない涙を流す

血はもう流した　好きなだけ
骨はからから乾いていく
埋められるのも　もう諦めた

画帖『黒いミサ』思潮社刊

粉々に崩れゆくのを　待つばかり
その気楽さに
骸骨は痙攣して笑う
（私の skelton）

　東大教育学部社会学科卒業後、同大新聞研究所、早稲田大学大学院英文科と進んだ彼女の学生時代は、学生運動まっただ中の騒乱の時期。彼女はそれには距離を置いていたが、傍観者ではなかった。「Vivi」のなかにも、一九六〇年六月の国会構内での東大生樺美智子のデモ中の撲殺および扼殺死、同年十月の日比谷公会堂での社会党党首浅沼稲次郎の演説中の刺殺事件、岸与党の惨敗に終わった総選挙などにも触れられている。

　修士修了を前にして、フルブライトを受験するも、最終段階の書類の不備で思いもかけず不合格になった。

「きらきら光る銀の輪が、いくつも私のまわりをまわっていた。私はそれをつかもうと、手をのばしていた。内の熱情と無数の銀の輪の反射で、私は輝いていた。今は消えてしまった。何も彼も。私の好きな銀の輪も、私のまわりをまわってはいない。」

「来春はもうすぐだ。Viviは死んだ。私は生きてはならない。Viviを殺した時私も死ぬ。私は行為者で、Viviは観客だった。真の私を知っている、唯一の価値ある観客だったが、この対峙も終わるのだ。」

「もう（生きるのは）二十八年でいい。」と書いていた言葉と呼応するかのように、日記

10篇の詩と絵を収めた『蝶の町』
黒に白抜きの本文と
蝶のエンボスの銀の革表紙
83×55㎜

は一九六七年、彼女の慢性シンナー中毒による二十九歳の死とともに突然終焉をむかえる。自死ではなかった。彼女の望んだ、郊外の小島が遊びに来る庭とアトリエのある新居の竣工を目前にして。

「Note de Vivi」は、今読み返しても寸毫も古びてはいず、普遍的にあたらしい。苦悩は、思索する若い魂のあるかぎり、決して古びるということがない。小島信夫氏は「あとがき」のなかで、死のことばかりを絶えず語りながら、彼女は最期まで生きたかったのではないか、と言っている。「Vie」は「命」なのだから。

「うたかたの日々」とイグアナの胸膜を開けばサルトル

映画の中の本と言えば、「華氏451度」や「プロスペローの本」、「薔薇の名前」が思い浮かぶが、もっと爽やかで若々しく、そしてスクリーンの中の本そのものに思わず触れたくなってしまうのが、ボリス・ヴィアン原作、シャルル・ベルモン監督のフランス映画「うたかたの日々」である。

製作されてから二十八年目の一九九五年、日本でも初上映された。わくわくしながら渋谷のミニシアターに足を運ぶと、階段に列を作っていた若者たちの姿を、昨日のことのように思い出す。シュールな原作よりもずっと分りやすく、二十八年経過してもその新鮮さと魅力的な登場人物には、目を瞠るばかりだった。

肺に睡蓮の花が咲く不治の病に侵されたクロエ(アニー・ビュロン)と恋人のコラン(ジ

アリーズにパルトルの装丁本を
次々と触らせるシック

ャック・ペラン）が主人公。しかし、コランの友人のシック（サミー・フレー）とアリーズ（マリー＝フランス・ピジェ／大輪の厚物菊のようなショート・カットが可愛い）のカップルのほうが、はるかに印象が強かった。なぜなら、彼らはジャン＝ソール・パルトル（PとSを入れ換えたサルトルのもじり）の熱烈なファンで、アパルトマンの裏口のゴミ箱の中の、超レアなパルトルの下書きを奪い合って屋上まで駆け上り、恋に落ちた仲。そしてシックが自分の書斎に連れてきたアリーズの手の甲、頬、うなじに、豪華な革装に仕立てたパルトルの本を、解説をしながら次々と誇らしげに触れさせる場面があるからだ。

La peau de Mauriac plastifiée.
「加工したモーリヤックの皮で」

Tiens, touche celui-là; c'est de l'agneau pascal.
「触ってごらん。過越《パスカル》の祭の羊皮紙だ」

Peau de zinzolette mordorée.
「金茶色のザンゾレットの革」

Plèvre d'iguane traitée au bois de tuya.
「特殊な木で加工したイグアナの胸膜」

ボリス・ヴィアン『うたかたの日々』
伊東守男訳／早川書房刊

野村伸一氏によると、装丁の材質は、同時にアリーズの頬やうなじを形容し、取り出す本の風合いの変化によって、シックがアリーズに対して次第に欲望を募らせてゆくこころの動きを、見事に表現しているのだそうである。

原作には、赤や紫や真珠色のモロッコ革の本、スカンクの革の継表紙の本なども登場する。どれも仮製本のものを購め、製本職人に依頼して様々な革で自分好みの装丁を施すのである。

貧乏なくせに、パルトルのものなら、花柄下着でも手に入れてしまうシックは、お金持ちのコランがアリーズとの結婚資金にとくれたお金まであらかたパルトルの本に使ってしまい、最後には虚無の革で装丁するだけのお金しかなくなってしまうのだ。

アリーズは、パルトルのいるカフェにおもむき、出版の中止を懇願するが拒否され、ついにはシックの心臓抜きで手にかけてしまう。そして、パルトルの本を売る街中の本屋に次々と火を放つのだった……。

サミー・フレーは、ジャン＝リュック・ゴダールの「はなればなれに」で、アンナ・カリーナと共演していたのを、ラピュタ阿佐ヶ谷で観たことがある。英語学校の生徒からにわか泥棒になる役だった。マリー＝フランス・ピジェは、フランソワ・トリュフォーの自伝的映画「大人は判ってくれない」の主人公が成人した「アントワーヌとコレット」の恋人役が映画デヴュー作。この時も厚物菊ヘアで愛らしかった。

ピアノを弾くとカクテルの出来あがる装置のついた「カクテル・ピアノ」を演奏するコラン。肺の睡蓮に打ち勝つため、部屋中に大量の睡蓮を飾らなければならないクロエ。このピアノも睡蓮の部屋も、デジタルにない手作り感満開で、革に金箔の押模様で心を込めて製本装丁された一冊の本を思わせる映画なのである。

荒巻義雄『時の葦舟』と入れ子の夢 または在りて無き世

天井も壁も床も鏡で作られた万華鏡のような部屋に入ったとき、果てしなく続く鏡像はすべてが虚像なのだろうか。もしや自分自身がすでに虚像であり、この世界そのものが、だれかの夢であるのではないか、と思わせる物語が、荒巻義雄の『時の葦舟』(文化出版局刊/講談社文庫)である。物語は「白い環《かん》」「性炎樹の花咲くとき」「石機械」「時の葦舟」からなる幻想SF短篇連作集である。それぞれの登場人物は時空を超えて生まれ変わり、別の人物として蘇る。

「白い環」は真っ白な塩でできたソルティと呼ばれる集落の物語。この街は垂直に繁栄した崖の街で、対岸の鏡面に街のすべての様子が鏡像になって映っている。ゴルドハは、河の水を汲んでは水売りをしているが、身体がきついだけで、喜びも大きな利益も得ることができない。ある日、天辺の台地に行ったゴルドハは、仕留めた大トカゲを街で売り、その成功を機に水汲みから狩人となり、次第に街で名を馳せるようになる。ゴルドハが鏡面を見ながら憧れていた女性、高貴で美しいクリストファネスから文書が届く。字の読めないゴルドハが、日頃運命をみてもらっている占い師のセビアにそれを見せると、果たしてそれは面会の申し込みであった。

クリストファネスは、ゴルドハに白い環に行って、そこに碇泊している蓮華船のな

『時の葦舟』装画＝横尾忠則
講談社文庫

かにいる者に書状を渡してほしいと頼む。短剣を持って崖伝いの道を下り、ゴルドハは白い浜に出た。巨大な船の上は、それ自体ひとつの街だった。そこにひときわ大きく聳える王宮の最後の部屋は、上も下も右も左もない「鏡の部屋」であった。そして突然現れた男は、ゴルドハ自身であったのだ。ゴルドハが彼に書状を渡すと相手も渡し、字の読めないはずのゴルドハは、自分に宛てた文面を理解することが出来た。

「ゴルドハよ、
〝鏡〟の呪縛より逃れなさい
お前の手でお前を殺すのです」

鏡像の二人は相手の脇腹を刺し、その時、鏡の崖は滑るように剥落し、ソルティの垂直の街はなだれをうってことごとく消失した。

「性炎樹の花咲くとき」は、黄緑色の浅海に浮かぶ蓮華状の街エロータスが舞台で、主要な生まれ変わりは登場しないが、「石機械」の主人公で石工技師のKが恋心を抱くアフロデは、「性炎樹」の脇役であるエローズの雰囲気をまとっている。Kは、アルセロナという岩石地帯の街に住み、石鐘楼の巨大な砂時計が、永遠とも思える細かな砂を落とし続けているのを、まるで時をすり減らしているように思うのだった。その頃、砂時計が流れの速度を変えたのを、まだ誰も気づいていない。

アフロデが近衛士官に嫁ぎ、虚脱感に放心して石鐘楼の中にいるKに来訪者がある。アルセロナの女皇であり、クリストファネスが変身したセミラミスである。左利きの

Kは、もちろんゴルドハの生まれ変わりであろう。彼女に促されて壁の模様の中の文字を読む。

　そのとき／石は浮揚しつつ火射を放つ／夢魔／去る／ふたたび

彼女は石《アル》を使った空中機の開発を夢見ており、古形文字を解読したKに飛行機械の研究を託したのである。Kは階下に書庫を持つ房を与えられ、研究に没頭した。

セミラミスはKを空中庭園の搭上に導き、標石の指す方向をむいて語り始めた。

「その昔、そこに大いなる大地があった。そこに鏡の崖と向きあう一つの街があり、人々は平和に暮らしていた。が、あるとき大地がとどろき、大地がさけ、大洋がおしよせてきて、その大陸とともに街は海の底に沈んだ。そのとき、渦巻く津波の狂乱の中から、大いなる岩《アル》が、天にとびあがった。岩は名残りをおしむように旋回していたが、真直ぐ西の方角へむけ飛翔し、やがて蒼穹の彼方に消えていった……。」

自分たちは、呪われて滅びた聖なる街の子孫だとセミラミスは言うのである。その大いなる岩とはどんな力によって空を飛んだのだろうか。

古び欠けた石版解読を試みているKのところにセミラミスがやってきて、東方の商人から聞いた異国の合金の飛行物体の話をする。Kは、石版に切れ切れに記された記録の断片を語る。

「始源は混沌《プラズマ》にあった。あるとき、宇宙はふたつに分離した。やがて宇宙はふたたび始源に回帰するであろう。そのとき一切の形あるものは滅びる。ただ、霊的なる存在のみが、生き残る」

やがてKは空飛ぶ石機械を開発し、衆人の眼の前で、その飛行物体に乗り込んだ。砂時計の砂が残り幾ばくもないことを、いまやKもセミラミスも気づいていた。砂時計の持ちこたえた有限の命脈は、最後の一粒の砂の落下とともに尽き、仮現の夢は終わった。岩陰でひっそりと嘆き匂っていたアルセロナの街は消え失せていた……。

「時の葦舟」は、天まで届く大木である世界樹アカニシュタの聳える村が舞台である。羊飼いのボーディが、長者の娘アジタの家の庭園を巡る回廊に描かれた、不思議な四枚の壁画を見る。一枚目は白い崖の街、二枚目は巨樹の下での狂宴、そこから逃げ出す少年少女が描かれている。三枚目は奇妙な砂時計のある石の世界。灰色の空に、まさに墜落しようとしている乗物とその乗員が描かれていた。最後の一枚は、大樹におおわれた彼らの現在住む村落の風景だった。

ボーディは知恵者アルハットにこのことを話す。彼は、壁画は誰かが描いたのではなく、あたかも裏側から描かれたようこちら側に映しだされたものだという。アルハットが戻った小屋で呪文をとなえると、小屋の裏側にゆらめく光の通路が現れ、アルハットの無数の映像が映っている。この多次元の迷路を乗り越えながら、アルハットは紫の小部屋からあらわれたクリストファネスと、ゴルドハやアフロデやエローズの行く末について語った。そして夢を見たボーディは、彼らの話をその夢のなかで聴き、アジタはしきりに画の中に入ろうと誘うのだった。

ボーディは大いなる時の流れの中で、日々の出来事がうたかたに過ぎぬことを悟る。アジタの部屋に案内されたボーディ。部屋は真昼のように明るく上部がアーチ状にな

最後の一粒の砂の落下とともに
仮現の夢は終わった

った大きな窓があった。その窓の向こうにあるのは、青い海である。窓は「記憶の窓」と呼ばれている。部屋には、円く模様の浮き出ていて回転する「世界儀」があった。いくつもの天井の高い部屋部屋が連なり、いつしか前と同じ部屋にきていることに気づく。ふとみると、世界儀を見ている自分とアジタがいる。こちらが夢かあちらが夢か、もうボーディにはわからなくなっている。

「この世はだれかの夢にちがいない。そうしなければこの世界の色々な不思議な事柄が説明できぬ」とアルハットは言う。ではいったいその者とはだれなのだろうか。

長者の回廊の壁には、第五の壁画があらわれていた。

カイ・ニールセンと小林かいちの「様式としての嘆き」

中原中也の恋人だった長谷川泰子の口述をまとめた本を文庫化することになり、その装丁を依頼されたのは、二〇〇六年一月のことである。カバーには、小林かいちの版画を使う予定だという。それまで私が見たかいちと言えば、二度の「絵はがき展」の展示作品と古書市で買った数枚の絵封筒だけであった。大正・乙女デザイン研究所所長の山田俊幸氏のコレクションの分厚い張り込み帖から何点かを選んだ時、そのおびただしい数と独特の色彩と様式美に圧倒されてしまったのを覚えている。

絵封筒の色数は、二〜四色、多色という訳ではないのに濃厚な印象を受けるのは、深々とした赤、黒、金、銀、ピンク、薄紫などの取り合わせのためだろう。赤とピンクと薄紫は、まかり間違えば風俗店の看板になってしまいそうなあやうい配色なのである。遠い昔、美大受験のための予備校で、決して使ってはいけないと戒められた記憶に残る色である。そんな潜在意識のためか、大量のかいち作品を見た時に感じた秘め事のようなただならぬ気配は、多分にこの色彩に負うところが大きい。

好んで使われているモチーフは、ハート、星、薔薇、クローバー、すずらん、蜘蛛の巣、トランプ、蠟燭などで、頻繁に目にとまる赤やピンク色のハートは、時に涙を流していたり、十字架に刺し貫かれていたりする。クローバーもすずらんもハートのヴァリエーションとも言えるし、トランプは赤いハートのエースである。それらを巧みに配した背景の前に、繰り返し描かれているのが、過剰なほどの嘆きに身をふるわせて哭く女である。

ノルウェイの民話にデンマークのカイ・ニールセンが挿絵を描いた『太陽の東　月の西』という絵物語がある。魔女の呪いで白い熊に姿を変えられたトロルの王子の花嫁になった娘が、夫の顔を見たばかりに、金銀に彩られた城は消え去り、ひとり深い森の奥に取り残される。直線の木立に囲まれて半円の丘で哭き濡れるヒロインの図は、傑作といわれるこの絵物語のなかでも、見るものをゆさぶるような強い印象を残す。

ニールセンの慟哭する娘と酷似したかいちの絵封筒がある。ポーズ、衣の襞、髪の流れなどがそっくりである。シャンデリア状の蠟燭も、同書の挿絵に見ることができる。ごく初期の作品らしく、サインもなく線もたどたどしく洗練されていない。しかし、〝哭く女〟に関していえば、ここにひとつの原型があるように思えてならない。

だが、ニールセンの絵には物語が不可欠なのにくらべ、かいちの絵は様式としての

上　ニールセンの
『太陽の東月の西』の挿絵
下　かいちの初期の木版絵封筒
ニールセンと酷似している

嘆きの姿であり、必ずしも物語を必要としない。目鼻が簡略化されていたり、何もなかったりすることで、顔の個性は消されて、身体や仕草で感情を表現する舞台女優としての役割だけを与えられているようである。

ニールセンの絵が華やかな大舞台の群像劇であるとするなら、かいちのそれは、簡素な舞台背景のひとり芝居のように見えてくる。ヒロインを含めたモチーフのすべてが、絵葉書や封筒といった小さな四角い舞台の上で、現実にはありえない美しい絵を構成するための舞台装置なのではないか。それを知っている観客には、女優たちがどんなに上手に嘆き悲しんでいても、胸を刺すような悲愴感は、それほど痛切には伝わって来ないのである。

やがてかいちの独自の画風が花開く。京都新京極さくら井屋の封筒や絵はがきの絵を描いていたのは、大正の終わりから昭和のはじめの約十年間位と推測されている。

その後も含め、かいちは長らく謎の作家だったが、遺族が判明した直後の二〇〇八

絵封筒を縮小して制作した
『小林かいち画集』
紙スエードに留具はハートのエース
98×55㎜

年に「季刊銀花」第百五十四号の取材で、かいちの次男の小林嘉壽さんのお宅に伺った。子どもたちの記憶にあるのは、スーツ姿で帽子をかぶり、専属図案家として、昭和二十九年から七年間勤務していた鷲見染工に自転車で出勤する、長身でお洒落な父の姿である。優しく物静かで口数も少なく、叱られることも滅多になかった。それゆえ、過去の出来事や仕事のことを、あれこれと語ることもほとんどなかったのだろう。かいちの血を引いてか、嘉壽さんも絵を描き、近くの喫茶店に飾られていた自作がきっかけとなり、父が謎の画家小林かいちだったことが判明した。かいちの絵はがきや絵封筒は、すべて兄弟が生まれる以前のもの。着物の図案家としての父しか思い当たらなかったのだから、最初は半信半疑だったのだろう。

若き日の前衛的な紙の仕事と、後年の古典的な布の仕事。そのどちらもが、描かずにはいられなかった人間かいちの生の証である。

天保年間から長い歴史を刻んださくら井屋は、平刷り木版職人が少なくなり、残念ながら二〇一一年に閉店したという。

デュ・モーリア『フランス人の入江』と絵を描く海賊

宝石のような数日間を、生涯に持つことのできる人は幸福である。ダフネ・デュ・モーリアの『フランス人の入江』は、一生にもうふたたびあろうとは思われぬ、そのめくるめく数日間の恋の物語である。

デュ・モーリア『情炎の海』
大久保康雄訳／世界大ロマン全集第2巻
東京創元社刊

この本は、創元社の大ロマン全集のなかでは『情炎の海』（大久保康雄訳／一九五六年刊）、三笠書房のデュ・モーリア全集と評論社版でのタイトルは『若き人妻の恋』であった。いずれも絶版であり、『Frenchman's Creek』という美しい原題が、通俗な邦題で台なしにされてしまっているので、ここでは、直訳の『フランス人の入江』としたい。ロンサールの詩を読み、鳥の絵を描くフランス人の海賊と、快活で魅力あふれる貴婦人との束の間のロマンスに、情炎という言葉はあまりにもそぐわない。

デュ・モーリア作品の映画化といえば、ヒッチコック監督の「レベッカ」「鳥」がつとに名高いが、この小説もジョーン・フォンテーンとアーテュロ・デ・コルドヴァ主演で映画化、一九五一年に日比谷で公開されている。「レベッカ」でもヒロインを演じたジョーンは、映画「風と共に去りぬ」の準主役、メラニー・ハミルトン役のオリヴィア・デ・ハヴィランドの実妹で、父親が東京で特許弁護士をしていたために、姉妹そろって東京生まれ、日本流に腕に種痘の跡があり、デコルテが着られない、と何かで読んだことがあった。

ようやく入手したパンフレットの表紙には、美しく微笑むヒロイン、ドーナ・セント・コラムを海賊が見つめている原色版の写真が載っているが、しかしこの海賊、いまひとつシャープさに欠けるし、どこにも原本の憂愁の翳りというものが感じられない。小説を読んで勝手に作り上げてしまう主人公のイメージとは、おそろしく堅固なものらしい。

時は一六六八年、ロンドンの社交生活に嫌気がさして、海岸地方コーンウォールにある荘園ネヴロン荘に逃げ出して来たドーナは、沿岸を荒らすフランス人の海賊の噂

ドーナとフランス人の海賊は
コーンウォールの入江で出会った

を聞いた。数日後、森の奥深く渓谷と樹々に囲まれたクリークで、碇泊している海賊船ラ・ムエット(かもめ号)を見つけたドーナは、出会うべくしてその海賊の首領と出会う。想像に反して彼は知的で思慮深く、船室の中で蒼鷺の絵を描いていた。

ドーナは、彼を二人だけの晩餐に招く。正装して訪れた彼は、ブルターニュの富も地位もあった貴族ジャン・ブノア・オーベリが海賊に転身した経緯を語った。ネヴロン荘の召使いウィリアムは、彼の忠実な下僕でもあった。

「満足と幸福の違いは?」と問うドーナに、海賊は、「満足とは心も平静であり身体もつつがないことだ。幸福というのは、人の一生に一度しかめぐってこないものかもしれぬ——恍惚とするようなものだ」と答えている。

キャビンボーイの恰好でかもめ号に乗り込んだドーナは、村の豪族フィリップ・ラシュリイの持船メリイ・フォーチューン号を略奪するという波瀾万丈の冒険をともにして、肖像を描いてもらったり、夏至のクリークで釣った魚を焼いたりと、夢のような五日間を過ごす。ずぶ濡れになったドーナが昏々と眠り、ふたたび目覚めた時の海賊との洒落た会話のやりとり。そのあとに海賊がドーナの耳飾りのルビーを静かにはずす場面は、この上なく優雅である。

しかし、ロンドンからドーナの夫ハリーと友人ロッキンガム卿が突然やって来たために、ドーナは自由な外出を阻まれ、海賊の身には危険が迫る。その夜開かれたネヴロン荘の大宴会。海賊たちが現れて、宝石を奪って逃げる時、不覚にも頭目だけが捕われる。あわや縛り首というところを、ドーナの機転で牢を脱出したものの、夜が明ければ二人には否応のない訣れが待っていた。

パトローネ型の円筒に
フィルム状の本文が巻き込まれる本
120×47×47㎜

「世界はいつ頃から間違いだらけになり、人間はいつの頃から生き甲斐のある人生を生き、恋をし、幸福になることを忘れてしまったのだろう。だれの一生にも、ここでわれわれが見ているような湖水が一度はあったのだ」

海賊はつぶやき、ドーナと永遠に訣れるためにかもめ号に去ってゆく。一生に一度の恍惚の日々の形見に、ブルターニュの彼の部屋は、キャビンボーイの肖像でいっぱいになるだろう。ドーナは浜辺に立ちつくし、小さな波がひたひたとその足を洗い、やがて海の中から燃える火の玉のような太陽が燦然と昇った。

私は思い入れの強い海賊の面影を、フランス人ならぬある日本人に重ねたことがあった。彼は私に鳥の絵を描いてくれたが、薔薇の詩人の詩を読んだことがあるか否かそれは知らない。所詮は、朝焼けのクリークを去ってゆく海賊のように、手の届かない人なのである。

ジェラール・フィリップとパトローネの手巻本

ジェラール・フィリップほど膝枕の似合う俳優はいない。それも、大人の年上の女性の膝枕である。ラディゲの『肉体の悪魔』で人妻マルトの漕ぐボートの上で、甘えた猫のように枕を独占している高校生フランソワ。「愛人ジュリエット」(原題『ジュリエットまたは夢の鍵』)で、「記憶喪失の村」に迷い込んだ主人公ミシェルが占領する、森のなかで出会ったジュリエットの中世風のドレスの膝の上。そして、年上の妻アンヌの膝枕で、汚れた靴と普段着でこの上なくリラックスしているオフのスナップ。

一九五一年の晩秋のこと、ジェラールは、パリ郊外のスューレーヌで、マスコミも知らないひとりの女性と舞踏会を催した。ジェラールと踊る女性の肩に掛かったショルダーバッグからは、ダックスフンドの子犬が顔を覗かせている。それが、ジェラールが人々に妻を紹介する流儀だった。彼らが知り合ったのは、ジェラールが一躍スターになる前のことである。その時ジャーナリストのニコルは母であり外交官の妻、そしてジェラールよりも五歳年上であった。紆余曲折を経てようやく実現した結婚を機に、ニコルはアンヌと改名している。

アンヌが常に心がけていたのは、「真実であること、純粋であること、精神的に優雅であること」だった。「彼女と接した彼もまた、自分たちが深いところで似ていることに気づき、彼女によって重厚さと人間的な深みが増したのである」とジェラール・ボナルは伝記のなかで語っている。ふたりの愛について「それは自分が求めたわけでもないのに授けられた恵み、知性で作られた構築物でもあります。理性で作られたとさえ言えます。それは二つの存在が例外的に結合したもの、一種の合金なのです」とアンヌは述べている。

また、彼女の書いた小説のなかから読み取れるように、母と娘、金持ちと貧乏人、老人と若者、という役割や表層で人を判断するのではなく、あくまで「個人」として尊重し、人間として対等に扱う姿勢をつらぬいている。「悪魔の美しさ」「花咲ける騎士道」などの映画に主演し、人気絶頂だったジェラールが、単に美しいだけの女性を選ぶことなく、しっかりと相手の聡明さと本質をみつめていたことは、彼自身の人間性

アンヌ・フィリップ『ためいきのとき』
角田房子訳／ちくま文庫

をも浮き彫りにしたことだろう。

私生活はたいへん質素で、古い車に乗り、いつも地味なスーツを着ていた。性格も映画で演じるドン・ファンとは正反対の生真面目さだった。ジャン・ヴィラール率いるTNP(国立民衆劇場)俳優組合の組合長をつとめ、平和擁護運動の大会では、ポール・エリュアールの「Liberté リベルテ」(自由)を高らかに暗誦した。

アンヌは、彼の死後三年目に『ためいきのとき』(鹿島研究所出版会／ちくま文庫)という実に美しい回想録を上梓している。そこには、リュクサンブール公園をともに歩いた雪の深夜の情景、離れている時にともに見上げるオリオンのこと(「愛するとは、たがいをみつめあうことではなく、もろともに同じ星を見上げること」というサン・テグジュペリの言葉が思い浮ぶ)など、知り合ってまもない光に満ちた頃のこと、彼が癌と知らされ死ぬまでのこと、亡くなったあとのもの憂い日々のことが淡々と描かれている。彼女は彼を守るために、本人にも周囲にも病名を隠し通し、三十六歳の早い死のその日まで、彼の前で平静という芝居を演じ続けた。埋葬の日でさえも人前で決して涙を見せたりはしなかった。最期の衣装は、当たり役『ル・シッド』のロドリーグの胴衣であった。

アンヌが繰り返し使っている「わたくしたち」という言葉には、とりわけ思いの深いものがある。「この『わたくしたち』は、あなたプラスわたくしでないもの、生まれつつあるもの、わたくしたちを超え、わたくしたちを包含すべきものだった」

ひと組の男女がいたからといって、誰もがやすやすと「わたくしたち」になれるというものではない。フィリップ夫妻はほんものの「わたくしたち」にちがいなく、希有のカップルであったといえよう。

二本の虹が同時にかかる時、互いに近い方が赤く、そこから紫に向かうグラデーションになってゆく。フィリップ夫妻は、その虹のようにある距離を置きながら、最も親しく寄り添っていたように思える。しかし、ひとつの虹は、空に瞬間光芒を放ったのちに、ひとつを残してまたたく間に消え去ってしまった。アンヌが言うように、私たちの人生は、世界の流れのなかで、ためいきひとつの束の間に過ぎないかもしれない。夭折した人の生も、その倍を生きた人も、瞬時という点では変わりがない。だが、残されたものには記憶が残る。忘れ形見の子供があり、幸福だった日々とその想い出を繰り返すことのできたアンヌ・フィリップを不幸な未亡人とはいえないだろう。

人工を嫌い、田舎を好んだふたりは、南仏ラマチュエルの丘に静かに眠る。小さな白い墓石にはふたりの名が刻まれ、地中海からの風、鉄門の軋み、たわむれる樹々のざわめき、小鳥のさえずり……かつてアンヌが生きながら感じたものを、いまはもう永遠に離れることのないふたつの魂が聴いている。

アンドレーエフ「金のくるみ」とマグネットの子持本

ロシアのレオニード・アンドレーエフの「金のくるみ」は、子どもの頃も今もベストワンの童話だった。

林のなかの牝の子りすが、通りがかりの優しい天使に、天国の庭に実った金のくるみをもらう。ころころ転がして遊んだあとに、ぴかぴか光るきれいな金色だったので、

「金のくるみ」所収
『二年生の世界童話』
ひかりのくに昭和出版刊

「金のくるみを　いただくなんて、もう　もう　二どとないんだわ、だいじに　とって　おきましょう」と林の木の下に埋めておく。年が過ぎ、幾度目かの冬のこと、さあ、あのくるみを食べましょう。きっとからだがあたたまるから、と期待に満ちて掘り返す。ところが、子りすはすでに子りすではなく、歯がみな無くなっていて、実を食べるどころか、殻を噛み割ることすらできなかった。

ある寒い日、天使が空から下界を見おろすと、木の根元に冷たくなったばあさんりすが横たわり、かたわらでくるみがひとつ、金にかがやいているのが見えた。頭と目の大きな可愛いりすと、花かんむりとロングスカートのほっそりと上品な天使の挿絵がすばらしく、哀感を幾重にも倍増させられる。

物事を先延ばしにしてはならない、老いを視野に入れよ、などの耳に痛い訓示が思い浮かぶ童話だが、これは『二年生の世界童話』に収録されていたものである。こんな悲しいお話を「小学二年生」のために採録した濱田廣介の慧眼に敬服するよりほかない。濱田廣介は、巻末の「鑑賞と指導の頁」で、「もの惜しみにともなう教訓、すぎていく『時』への寓意がこめられており、小さなリスにむけられるあわれな思いが、幼い者にも、じゅうぶんに感じられるでありましょう」と結んでいる。

その話から大人になっても逃れることができない元小学二年生がいることを教えてあげたい。パセティックなものへの嗜好は、このときにじゅうぶんすぎるほど胸のなかに植え付けられてしまったのに違いない。

終生忘れられないほどのこんなに最高潮に悲しいお話を「すこし　かなしい　おはなしです」と冷静に締めくくるアンドレーエフって、どんな人だろう？　と思った。

右　後日譚をセットした表紙
左　金のくるみのかたわらで
つめたくなっている
ばあさんりす
絵＝東本つね

調べてみたら、作品になんと、「胡桃」と「天使」と「歯痛」が！

「歯痛」を実感することなしに、誰がこんなお話を思いつくことができようか。「歯痛」は、森林太郎（森鷗外）が翻訳している。『浮雲』の二葉亭四迷や、「美はただ乱調にある。諧調は偽りなり。」の名言を残し、「日陰茶屋事件」で浮き名を流し、関東大震災の時に、伊藤野枝と甥の橘宗一とともに甘粕大尉の手にかかったアナキスト大杉栄なども、別の作品の訳に名を連ねていた。

アンドレーエフは、ゴーリキーによって流行作家となり、初期のヒューマンな作風から、象徴的、神秘的、厭世的な作品に変わった。このお話にはシニカルな匂いが漂う。転換後の作品だろうか。

歯が弱くなってくると、待ちに待ったくるみを食べることができなかったばあさんりすの悲しみが、歯が痛むようにじわじわと解ってくる。おそろしい童話かもしれない。アンデルセンと同じく、主人公を予定調和の衣にくるんで甘やかしたりしないのがよかった。しかし夜半にほんのひととき楽しくあたたかい夢が見られる「マッチ売りの少女」とくらべても、どこにも救いようがなかった。

そこで、みずから後日譚を書いて、本の中に本がある「子持本」に仕立てた。りすの魂が虹の橋を渡っていく「すこし　あかるい　おはなし」である。作者には「余計なことを」と冷笑されそうだが、そのときは、ちいさな後日譚を取り外せばよい。着脱可能なようにマグネットを埋込んであるのだから。

あかるい後日譚の付いた
子持本の『金のくるみ』
金の革とセピアの背革の継表紙
親の本と子どもの本の
見返しは同じ紙
背タイトルは金箔活字押
97×71㎜

『帽子のギフトブック』
十字形を折りたたんだ赤い本文を開くと、
色々な帽子が現われる。
メッセージを書き入れて、ギフトブックにもなる。
継表紙にリボン結び。
見返しはグレーの横ストライプ柄。
74×74mm

『Hats & shoes』
靴と帽子がリバーシブルになった本。
なかほどに、帽子が起き上がる緑の頁がある。
表紙絵は、中原淳一のプリント布から。
68×63mm

靴と帽子の本

― 仕掛のあるリバーシブルの本と折りたたむ帽子の本

和菓子とパンとモンブランの本
―和洋菓子とパンから作る本

『PAINS À LA CARTE』
『WAGASHI』の形でパンの本を作ったもの。
本文紙は黄色のビタミンカラー。
表紙はふくらみのあるレター―シール貼り。
75×65㎜

『Les monts-blancs』
薄茶の紙にカラシ色の紙を貼ってツートンカラーに。
名峰モンブランにちなんで、谷折り部分を山形にカット。
表紙はセピアに白のポルカドット。
斜め切替え部分にリボン飾り。
66×64㎜

『WAGASHI』
季節の上生菓子を貼った本。
背はアクリル棒にパールホワイトのビーズ。
開閉ができるようにピンクと紫のスエードを挟み込む。
頁の奥を開くと奥付があらわれる。75×65㎜

渡邊さき子句集『野菊野』
原本は富士見書房刊
表題作「野菊野に君たたせむと電話あり」ほか、
原本から抜粋した30句を収録。
装丁した本の箔見本と色校正を使った抄本。
表紙はクロスとメタルグリーンの革との継表紙。
平に表裏絵変わりの野菊の花のレインボー箔押。
銀刷りの貼函付き。90×64㎜

句集『野菊野』とその豆本
―色校正の紙と箔を使って

胡蝶の童話と図案集
―『ちょうちょのふりそで』と台形の『胡蝶図案』

『胡蝶図案』
4色の本文にプリントされた
中国の胡蝶図案。
台形の表紙の背に蝶のようなリボン付き。
85×100㎜

田中淑恵『ちょうちょのふりそで』
振袖のたもとのような本体は
蝶の千代紙でくるまれ、栞にスパングル付き。
帙には蝶の起こし絵とピアスの留具。
100×56㎜

Beauty is the lover's gift Congreve
球飾りつき象牙製櫛　1860〜70年頃

コンパクトと飾り櫛の本

——POP-UPの花束
コーネル装の櫛の本

『化粧する花』
華鬘草、紫陽花、サイネリアなどを化粧する花に見立てた折本。
花束はPOP-UP。台形のコンパクト型の表紙は、ピンクの水蛇の革。
トップには金の合成革に真鍮の花の飾り付き。パフ模様の見返し。
ジョイント部は蝶番、奥付もコンパクト風。65×70×35㎜

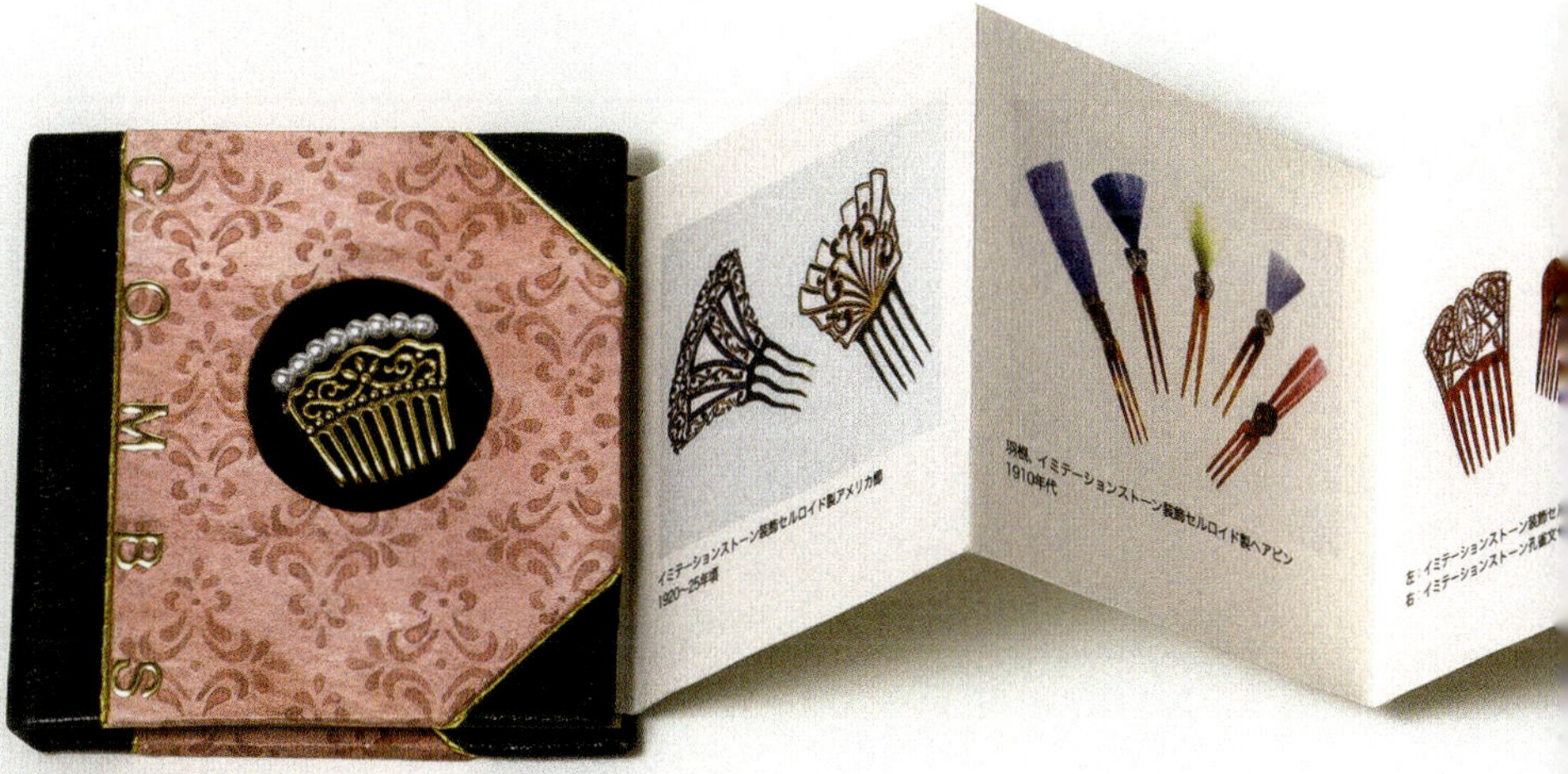

『COMBS』
飾り櫛17点を収録。折本に糸綴じ部分をプラス。
表紙は黒革とエンボス模様の紙とのコーネル装。
円の中に櫛型のパーツとパールビーズの飾り付き。
タイトルは金のレターシール。
見返しは白とグレーのストライプ。65×63㎜

『Maurice Utrillo』
絵が描いてあるユトリロのパレットを表紙に、カシメで留めたパレット画集。
指を差し込む楕円から、作者の顔が覗く。
パリの町並みを描いた作品を、スライドしながら愉しむことが出来る。
彼の母親にも薔薇を描いたパレットがある。
60×80㎜

パレットに描かれた絵
―スライドするパレット画集

風船画伯の丸い世界
——谷中安規の豆本

川本三郎『風船画伯の丸い世界』
角川書店のPR誌「本の旅人」連載の
「眺めのいい散歩」からの1篇。
風船画伯と呼ばれた谷中安規の版画の世界。
セピアの革風紙クロスに安規装画の題簽貼り。
函のドット模様は、見返しの小さなドットと
呼応している。90×60㎜

ハートのコレクション
―ハート形の小物を集めた本

『HEARTS』

ミラー、時計、ノート、バッグ、ブローチなどの
ハート形の小物たち。
クッキーの置かれたカップが、
ハートのくり抜きから見える仕掛がある。
赤い布表紙に金の模様の見返し。
65×65㎜
シルバーのハートの本は、2000年の個展の記念に、
高野裕紀さん手作りの贈り物。

シルエットの本
── 本のなかのピンクとブルー

『Silhouettes』
ページを開くと、シルエットの
描かれた小さなブルーとピンクの
ページが飛び出す本。
表紙は、パール光沢の白い紙と
紺の背紙との継表紙。見返しは
縦ストライプ柄。
留具は紐と白銀のパーツ。
背を綴じていないので、
本文を外に引き出すことができる。
66×72㎜

第3章

いろいろな素材と一冊の本を作る

本の素材のいろいろ

アンティークパーツ
表紙にあしらっても存在感が

メタルンエンボッシング
アルミ板に刻印して模様を打ち出す

マーブル紙
見返しに使うと開いて愉しい

POP-UPカード
縮小して仕掛を取り入れた本を作る

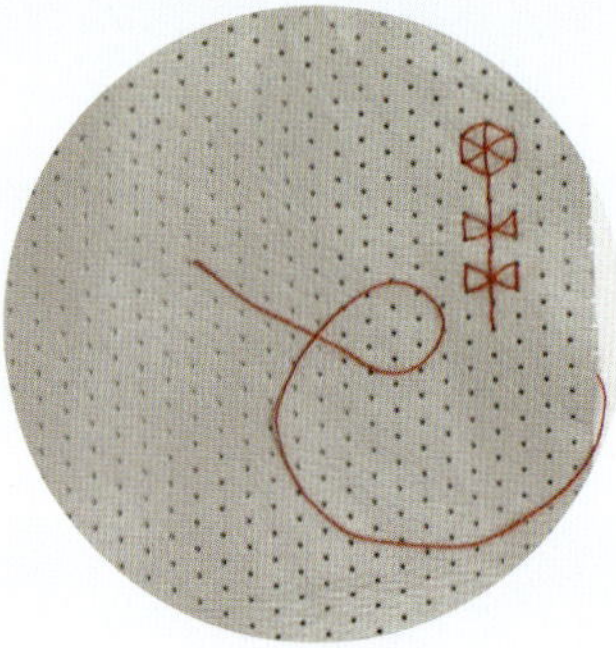

革に刺繍
革の穴を利用しタイトルや絵を刺繍

レターシール
タイトルを組んで裏糊で貼る

ビーズやボタン
本文の綴じや留具に使用

装飾ブレード
革との継表紙や小口部分にあしらう

木の板やパーツ
表紙や飾りに使い木製の本を作る

便箋／包装紙
小柄なものは見返しや表紙に使用

アンティーク絵葉書
縮小しても雰囲気のあるカード

外国切手
グリム童話や花の切手は手頃な大きさ

縮緬や繻子、刺繍の布
和紙の裏打ちをして表紙や函に使用

剪紙貼り栞
頁に貼り込んで縦長の本を作る

チョコレートのカード
花、鳥、動物などの図鑑が出来る

リボン
栞紐やリボン結び、表紙に貼ることも

マッチラベル
古いラベルは貼って小さな画集に

革さまざま
エンボス、プリント、織模様の革

さまざまな形とサプライズ

ビーズとテグスで留めた本
『MOVING DOG』
83×95㎜

POU-UPの椅子のバースディブック
H63×W65㎜

ビーズと小枝で綴じた『恐竜図鑑』
75×90㎜

Z型の『背訳リルケ詩集』
65×89㎜

画面が四層になった
舞台型絵本
『CENDRILLON』
FOLDING BOOKS

夫婦《めおと》函入4コマ物語
『翅のある人魚の話』
36×38㎜

本文と函型の表紙が一体になった本
91×67㎜

アクリルの函入
95×66㎜

らせん綴じのスケッチブック
53×43㎜

扇形の本
55×96㎜

刺繍を施した八角本と星形の本
85×85㎜／115×100㎜

閉じると斜め四角になる絵本
『Pine Tree』
WALKER BOOKS

蝶番付きの額縁本
『仔犬の絵葉書』41×35㎜

左右に開く姉妹本
『まひる野ゆふべ野』65×98㎜

十二支の年賀状

── 申年から子年まで

2005 ● 酉年
三角屋根の風見鶏の本
屋根部分は赤と緑の蜥蜴の革
本文はさまざまな風見のイラスト
97×62㎜

2004 ● 申年
申のパーツとビーズが
デグスで留められている
スケジュールブック
65×86㎜

2006 ● 戌年
紙クロスとビーズを使ったバッグ形の本
プードルのしっぽは白い革
タイトルはレターシール
105×105㎜

2007 ● 亥年
表紙裏側がPOP-UPになっていて
ページがとび出すダイアリー
87×70㎜

2008●子年
栞がしっぽにもなっている
ネズミの描き方の本
106×85mm

2009●丑年
カフェオレカップの表紙はシール
把手は茶色の牛革
74×92mm

2010●寅年
喪中

2011●卯年
A.A.ミルンの『うさぎ王子』
中にスポンジを入れた紫のプリントと
ペールグリーンの革の継表紙
74×68mm

2012●辰年
オーストリッチ風型押牛革に
金色の薔薇の輪のパーツ
物語は『薔薇園のドラゴン』
97×60mm

2013●巳年
ゲーテの百合姫と蛇の物語
百合と蛇のシルバーのパーツ付き
百合の包装紙を貼った函入
91×66mm

2014●午年
黒革にポニーのパーツの付いた
アドレスブック
見返しはペガサス模様
68×117mm

2015●羊年
チョコレートに入っていた
羊のカードを集めた本
表紙は蛙の革
65×85mm

●タリーカードとは、
裏にゲームのスコアを書き込むカードで、
原本は栞のような細い紐が付いたもの。
●紙は折りやすい方向に目が
走っているため、折るときは必ず
目の方向を確かめてから。
しっかり貼りたい部分はボンド＋水、
微調整したい部分は、
さらに＋ヤマト糊で柔軟性を加える。

仕上り 84×84㎜

『TALLY CARDS』の作り方

道具

①方眼三角定規　②はさみ　③木工用ボンド
④幅15㎜くらいの平筆　⑤30㎝直定規
⑥ピンセット　⑦製本用ヘラ　⑧ヤマト糊　⑨カッター
⑩鉄筆　⑪スティック糊　⑫カッティングマット

材料

①見返し用の模様のある紙 A4判
②本文用のオレンジの厚手の紙 A4判
③表紙用の紙クロス B5判
④1㎜の厚紙 A6判　⑤9㎜幅のリボン13㎝を2本
⑥タリーカードを8枚縮小コピーしたものと扉、表紙ラベル

1

紙の目を縦に、本文紙を幅79mm、
長さ260mmくらいに2枚カットする。
↕は、目の方向。

2

方眼定規を使って直角を確認しながら、
左から80mmのところに鉄筆で筋を付ける。

3

筋を付けたところをへらでシャープに折り、
右端にさらに筋を付け、三つ折りにする。

4

折山を切らないように気をつけながら、
方眼定規を当てて、余分な紙をカット。

5

同様に2枚を作る。

6

上になる紙の裏側中央の頁に、
水で溶いたボンドを塗る。
汚れ防止とはみ出ないよう、あて紙をする。

7

横位置の紙を上に、角度がずれないようにして
しっかりとこすって貼り合わせる。

8

下、上、左、右の順で折り込む。
折り込みにくい場合は、折り線の微調整をする。

9

見返しの紙を、紙の目を縦に、本文紙と同寸で切り、本体をくるむように三つ折りにする。

10

見返し左側2頁を水で溶いたボンド＋糊で貼り合わせ、右側と本体裏を同様に貼り合わせる。

11

厚紙を縦は本体＋3㎜、横は81㎜に2枚カット。厚紙を薄く裂いた幅4㎜の背紙も用意。

12

背紙の両側に1㎜ずつ溝をあけ、左右の厚紙とともに表紙の裏にボンド+水で貼り、周囲12㎜でカット、四隅も斜めに落とす。

13

折り返しを上下左右の順で厚紙に貼り、四隅をヘラで折り込んで直角を出す。段差を消すため、厚紙に内貼りをする。

14

縦は本体と同じ、横は170㎜で見返しの紙をカット。リボンを左右折り返しに埋め込む。

15

14 の見返しを表紙裏の天地中央に糊ボンドで貼り、右端の余分な紙は乾かないうちにカット。
右側にそろえて 10 の本体をボンドで貼り合わせる。

16

本文の中に8枚のカード、扉と表紙にタイトルラベルをスティック糊で貼り、リボンで結ぶ。

おわりに

ながれのきしのひともとは、
みそらのいろのみずあさぎ、
なみ、ことごとく、くちづけし
はた、ことごとく、わすれゆく。

（アレント「わすれなぐさ」／上田敏訳『海潮音』より）

私の中学生時代は『海潮音』や『月下の一群』のなかの一篇が自然に口をついて出るように、詩や知的でクラシックなものに囲まれていました。

職員室は若い先生方の熱気にあふれていました。文学青年だった文芸部顧問の英語の先生、ゆるぎない自身のスタンスを持つようにと語られた担任の理科の先生。国語の先生には、高校生になったら読みなさい、と『大和古寺風物詩』と『萩原朔太郎詩集』を卒業時に贈られました。信濃追分の物語集を出版した時、二人だけでささやかなお祝いをしてくださった先生は、定年後まもなく亡くなられました。その時代に最初の本がうまれたように、小さな本の原点は、よき師に恵まれたこの中学生時代にあったように思います。

『自分で作る小さな本』を上梓した頃、こういう本の制作者は、周囲にもほとんど見かけず、箔押などの難しい本も載っていたので、作る人は少ないのではとの予想に反し、全国に豆本という手軽な形であっという間に広まっていきました。

今井田さんの『私の稀覯本』には、豆本について「定義はさまざまだが、二インチ半(六三・五ミリ)以下が望ましい」と書かれています。本には寸法を記していますが、サイズは縦八十ミリ前後で豆本というには大きく、すべてではないものの、今は「小さな本」と呼んでいます。背面鏡付きの特注のアクリルケースを設計して、中に本を飾った時、この大きさで高さがそろっていると展示映えがすると気づいたこともあります。

長く深い理解と共感で結ばれている少数の方だけで充分、というこれまでの姿勢のままに、クラシックでエレガント、どこかに遊びごころのある未生の本たちのラインナップを、選び抜いた素材でどれだけ実現できるかが今後の課題です。

フランス語とロシア語の訳文・表記について示唆して戴いた瀬戸井厚子さん、中島三紀さん、野村伸一さん、平井浩さん、マイナーな内容を丁寧に校正してくださった寺島敏郎さん、はじめての本と読書の記憶、という内面を記す悲願を叶えてくださった芸術新聞社の常盤茂さん、素敵な写真を撮影してくださった梶洋哉さん、たび重なる修正でお手間をかけ通しだった文化フォトタイプの佐々木より子さん、そして、学生時代からの長きにわたり、相談事に真摯に応えてくださった山田俊幸先生、皆さまのおかげで、ずっと夢みていたひそやかな本のエッセイと、小さな本の作品を一冊にまとめることができました。心から御礼を申し上げます。

二〇一五年　紫陽花の季節に

田中淑恵

【初出一覧】

「朝顔の露の宮」と消えし蜻蛉 ――「自己漫族」一九七三年

信濃追分と福永武彦夫妻のこと ――『水絵具の村』一九八一年　新書館

路上の絵と〝いのちの香り〟――「誠信プレビュー」一九九一年第四十一号

結城信一と骨細工の小鳥 ――「文游」一九九三年第十一号

久世光彦さんと「邯鄲夢」のこと ――「彷書月刊」一九九四年九月号

三島由紀夫から佐々悌子への手紙 ――「邯鄲夢」一九九四年創刊号

デュ・モーリア『フランス人の入江』と絵を描く海賊 ――「邯鄲夢」一九九四年創刊号

美作八束村とアカシヤの花 ――「邯鄲夢」一九九五年第二号

「うたかたの日々」とイグアナの胸膜を開けばサルトル ――「邯鄲夢」一九九五年第二号

夢見月、万朶の花のまぼろしは…… ――「ぱるる」一九九七年第六号

ジェラール・フィリップとパトローネの手巻本 ――「季刊湘南文学」一九九七年夏号

カイ・ニールセンと小林かいちの「様式としての嘆き」――『小林かいちの世界』国書刊行会／「季刊銀花」二〇〇九年第百五十八号

中河与一『天の夕顔』と三つの灯り ――「かまくら春秋」二〇一二年八月号

【参考文献】

「うたかたの日々」劇場パンフレット ――ヘラルドエンタープライズ　一九九五年

「二人の父が育てし娘 ――女の政治に恋して」―― 佐藤むつみ　「法と民主主義」二〇〇三年八・九月号

ロシアのマッチラベルの本『ЯРЛЫК СПИЧКИ』

本文はロシアのマッチラベルを蒐めたもの。表紙はメタルゴールドの革、
函はマッチ函型で側面に擦過面に見立てた紙ヤスリ、
ビーズと金のパイプを組み合わせたマッチに火が付いている
80×62mm

Special Thanks（敬称略）
大家利夫　小林嘉壽　瀬戸井厚子　中島三紀　野村伸一　平井 浩　山田俊幸

協力
石川近代文学館　京都本家玉壽軒　ポーラ文化研究所

田中淑恵 Yoshie Tanaka

東京生まれ。
中学生の時に初めて手のひらサイズの詩集を作る。
手製本を作っていた立原道造の「人魚書房」に倣い、
架空の版元「鏡書房」を設立。
武蔵野美術大学で書物研究家の庄司浅水氏に
稀覯本の講義を受け、
同時期、作家の福永武彦、結城信一氏、
現代豆本館の小笠原淳館長と知遇を得る。
豆本コレクターの今井田勲氏が局長であった
文化出版局に入局。
その後、さまざまなジャンルの装丁、
グリーティングカードのイラストや
ステーショナリーのデザインを手がける。
寺山修司氏選考のフォアレディース賞を受賞。
小学館の『ダレン・シャン』シリーズ、
大宅賞『プロレス少女伝説』、
角川書店のPR誌「本の旅人」の創刊デザインを担当。
著書に『自分で作る小さな本』
『私だけの一冊を作る』(ともに文化出版局)
『水絵具の村—— 信濃追分旅のモザイク』(新書館)、
活版限定詩集『ミモザの薬』(鏡書房)などがある。

Facebook[ミニチュアブックと物語]
https://www.facebook.com/tanakatyoshie

黄金繭《クリキュラ》の紙を貼った帙入
曹雪芹『紅楼夢』86×67㎜

本の夢 小さな夢の本

2015年7月7日 初版第1刷発行

著 者 田中淑恵
発行者 相澤正夫
発行所 株式会社 芸術新聞社
〒101-0051 東京都千代田区神田神保町2-2-34 千代田三信ビル5階
tel. 03-3263-1637(販売) 03-3263-1581(編集)
fax. 03-3263-1659
URL http://www.gei-shin.co.jp

振替 00140-2-19555
印刷・製本 株式会社文化カラー印刷

ISBN978-4-87586-450-9-C0070